JN417835

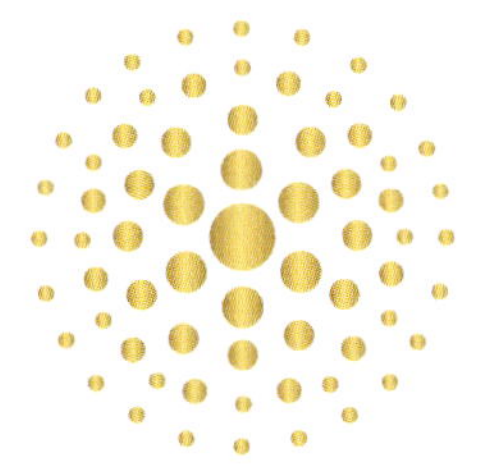

바로보인

전등록 傳燈錄

6

농선 대원 역저

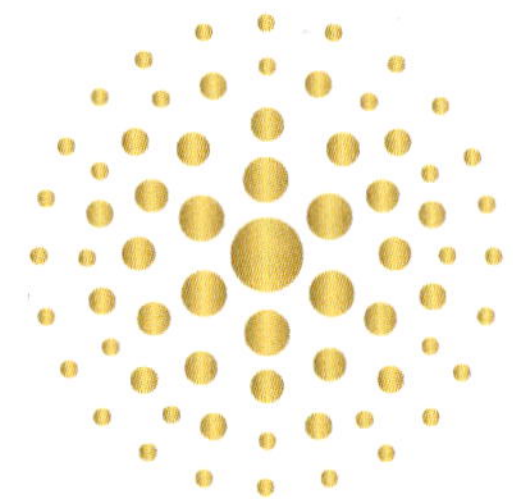

이 원상은 농선 대원 선사님께서 직접 그리신 것으로 모든 불성이 서로 상즉해 공존하는 원리를 담은 것이다.

선 심(禪心)

누리 삼킨 참나를
낙화(落花)로 자각(自覺)
떨어지는 물소리로 웃고 가는 길
돌에서 꽃에서도 님이 맞는다

정맥 선원의 문젠 마크는 농선 대원 선사님께서 마음을 상징하는 달(moon)과 그 마음을 깨달아 마음이 내가 된 삶인 선(zen)을 평화의 상징인 비둘기로 형상화하신 것이다.

교조 석가모니 부처님과
부처님으로부터 직계로 내려온
불조정맥 78대 조사들의
진영과 전법게

불조정맥

불조정맥이란 석가모니 부처님으로부터 현 78대 조사에 이르기까지 스승에게 깨달음의 인증인 인가를 받아 법을 전하라는 부촉을 받은 전법선사의 맥이다. 여기에 실린 불조진영과 전법게는 농선 대원 선사님께서 다년간 수집 정리하여 기도와 관조 끝에 완성하여 수립하신 것이다. 각 선사의 진영과 함께 실린 전법게는 스승으로부터 직접 전해 받은 게송이다. 단, 석가모니 부처님 진영에 실린 게송은 석가모니 부처님의 게송이다.

교조 석가모니 부처님

환화라고 하는 것 근본 없어 생긴 적도 없어서	幻化無因亦無生
모두가 스스로 이러-해서 본다 함도 이러-하네	皆則自然見如是
모든 법도 스스로 화한 남, 아닌 것이 없어서	諸法無非自化生
환화라 하지만 남이 없어 두려워할 것도 없네	幻化無生無所畏

제1조　마하가섭 존자

법이라는 본래 법엔 법이랄 것 없으나　法本法無法
법이랄 것 없다는 법, 그 또한 법이라　無法法亦法
이제 법이랄 것 없음을 전해줌에　今付無法時
법이라는 법인들 그 어찌 법이랴　法法何曾法

제2조　아난다 존자

법이란 법 본래의 법이라　法法本來法
법도 없고 법 아님도 없으니　無法無非法
어떻게 온통인 법 가운데　何於一法中
법 있으며 법 아닌 것 있으랴　有法有非法

제3조　상나화수 존자

본래의 법 전함이 있다 하나　本來付有法
전한 말에 법이랄 것 없다 했네　付了言無法
각자가 스스로 깨달으라　各各須自悟
깨달으면 법 없음도 없다네　悟了無無法

제4조　우바국다 존자

법 아니고 마음도 아니어서　非法亦非心
맘이랄 것, 법이랄 것 없나니　無心亦無法
마음이다, 법이다 설할 때는　說是心法時
그 법은 마음법이 아니로다　是法非心法

제5조　제다가 존자

마음이란 스스로인 본래의 마음이니　心自本來心
본래의 마음에는 법 있는 것 아니로다　本心非有法
본래의 마음 있고 법이란 것 있다 하면　有法有本心
마음도 아니요 본래 법도 아니로다　非心非本法

제6조 미차가 존자

본래의 마음법을 통달하면	通達本心法
법도 없고, 법 아님도 없도다	無法無非法
깨달으면 깨닫기 전과 같아	悟了同未悟
마음이니, 법이니 할 것 없네	無心亦無法

제7조 바수밀 존자

맘이랄 것 없으면 얻음도 없어서	無心無可得
설함에 법이라 이름할 것도 없네	說得不名法
만약에 맘이라 하면 마음 아님 깨달으면	若了心非心
비로소 마음인 마음법 안다 하리	始解心心法

제8조 불타난제 존자

가없는 마음으로	心同虛空界
가없는 법 보이니	示等虛空法
가없음을 증득하면	證得虛空時
옳고 그른 법이 없다	無是無非法

제9조 복타밀다 존자

허공이 안팎 없듯	虛空無內外
마음법도 그러하다	心法亦如此
허공이치 요달하면	若了虛空故
진여이치 통달하네	是達眞如理

제10조 파율습박(협) 존자

진리란 본래에 이름할 수 없으나	眞理本無名
이름에 의하여 진리를 나타내니	因名顯眞理
받아 얻은 진실한 법이라고 하는 것	受得眞實法
진실도 아니요, 거짓도 아니로세	非眞亦非僞

제11조 부나야사 존자

참된 몸 스스로 이러-히 참다우니 眞體自然眞
참됨을 설함으로 인해 진리란 것 있다 하나 因眞說有理
참답게 참된 법을 깨달아 얻으면 領得眞眞法
베풀 것도 없으며 그칠 것도 없다네 無行亦無止

제12조 아나보리(마명) 존자

미혹과 깨침이란 숨음과 드러남 같다 하나 迷悟如隱顯
밝음과 어둠이 서로가 여윌 수 없는 걸세 明暗不相離
이제 숨음이 드러난 법 부촉한다지만 今付隱顯法
하나도 아니요, 둘도 또한 아니로세 非一亦非二

제13조 가비마라 존자

숨었느니 드러났느니 하지만 본래의 법에는 隱顯卽本法
밝음과 어두움이 원래에 둘 아니라 明暗元不二
깨달아 마친 법을 전한다고 하지만 今付悟了法
취함도 아니요, 여윔도 아니로세 非取亦非離

제14조 나가르주나(용수) 존자

숨을 수도, 드러날 수도 없는 법이라 함 非隱非顯法
이것이 참다운 실제를 말함이니 說是眞實際
숨음이 드러난 법 깨달았다 하나 悟此隱顯法
어리석음도 아니요 지혜로움도 아니로다 非愚亦非智

제15조 가나제바 존자

숨었느니 드러났느니 하면 법에 밝다 하랴 爲明隱顯法
밝게 해탈의 이치를 설하려면 方說解脫理
저 법에 증득한 바도 없는 마음이어야 하니 於法心不證
성낼 것도 없으며 기쁠 것도 없다네 無嗔亦無喜

제16조 라후라타 존자

본래에 법을 전할 사람 대해 本對傳法人
해탈의 진리를 설하나 爲說解脫理
법엔 실로 증득한 바 없어서 於法實無證
마침도 비롯함도 없느니라 無終亦無始

제17조 승가난제 존자

법에는 진실로 증득한 바 없어서 於法實無證
취함도 없으며 여읨도 없느니라 不取亦不離
법에는 있다거나 없다는 상도 없거늘 法非有無相
안이니 밖이니 어떻게 일으키리 內外云何起

제18조 가야사다 존자

맘 바탕엔 본래에 남 없거늘 心地本無生
바탕의 인, 연을 좇아 일으키나 因地從緣起
연과 종자 서로가 방해 없어 緣種不相妨
꽃과 열매 그 또한 그러하네 華果亦復爾

제19조 구마라다 존자

마음의 바탕에 지닌 종자 있음에 有種有心地
인과 연이 능히 싹 나게 하지만 因緣能發萌
저 연에 서로가 걸림이 없어서 於緣不相礙
마땅히 난다 해도 남이 남 아니로세 當生生不生

제20조 사야다 존자

성품에는 본래에 남 없건만 性上本無生
구하는 사람 대해 설할 뿐 爲對求人說
법에는 얻은 바 없거늘 於法旣無得
어찌 깨닫고, 깨닫지 못함을 둘 것인가 何懷決不決

제21조　바수반두 존자

말 떨어지자마자 무생에 계합하면　言下合無生
저 법계와 성품이 함께 하리니　同於法界性
만일 능히 이와 같이 깨친다면　若能如是解
궁극의 이변 사변 통달하리　通達事理竟

제22조　마노라 존자

물거품과 환 같아 걸릴 것도 없거늘　泡幻同無礙
어찌하여 깨달아 마치지 못했다 하는가　如何不了悟
그 가운데 있는 법을 통달하면　達法在其中
지금도 아니요, 옛 또한 아니니라　非今亦非古

제23조　학륵나 존자

마음이 만 경계를 따라서 구르나　心隨萬境轉
구르는 곳마다 실로 능히 그윽함에　轉處實能幽
성품을 깨달아서 흐름을 따르면　隨流認得性
기쁠 것도 없으며 근심할 것도 없네　無喜亦無憂

제24조　사자보리 존자

마음의 성품을 깨달음에　認得心性時
사의할 수 없다고 말하나니　可說不思議
깨달아 마쳐서는 얻음 없어　了了無可得
깨달아선 깨달았다 할 것 없네　得時不說知

제25조　바사사다 존자

깨달음의 지혜를 바르게 설할 때에　正說知見時
깨달음의 지혜란 이 마음에 갖춘 바라　知見俱是心
지금의 마음이 곧 깨달음의 지혜요　當心卽知見
깨달음의 지혜가 곧 지금의 함일세　知見卽于今

제26조 불여밀다 존자

성인이 말하는 지견은 聖人說知見
경계를 맞아서 시비 없네 當境無是非
나 이제 참성품 깨달음에 我今悟眞性
도랄 것도, 이치랄 것도 없네 無道亦無理

제27조 반야다라 존자

맘 바탕에 참성품 갖췄으나 眞性心地藏
머리도, 꼬리도 없으니 無頭亦無尾
인연 응해 만물을 교화함을 應緣而化物
지혜라고 하는 것도 방편일세 方便呼爲智

제28조 보리달마 존자

마음에서 모든 종자 냄이여 心地生諸種
일(事)로 인해 다시 이치 나느니라 因事復生理
두렷이 보리과가 원만하니 果滿菩提圓
세계를 일으키는 꽃 피우리 華開世界起

제29조 신광 혜가 대사

내가 본래 이 땅에 온 것은 吾本來此土
법을 전해 중생을 구함일세 傳法救迷情
한 송이에 다섯 꽃잎 피리니 一花開五葉
열매 맺음 자연히 이뤄지리 結果自然成

제30조 감지 승찬 대사

본래의 바탕에 연 있으면 本來緣有地
바탕의 인에서 종자 나서 꽃핀다 하나 因地種華生
본래엔 종자가 있은 적도 없어서 本來無有種
꽃핀 적도 없으며 난 적도 없다네 華亦不曾生

제31조 대의 도신 대사

꽃과 종자 바탕으로 인하니	華種雖因地
바탕을 좇아서 종자와 꽃을 내나	從地種華生
만약에 사람이 종자 내림 없으면	若無人下種
남 없어 바탕에 꽃핀 적도 없다 하리	華地盡無生

제32조 대만 홍인 대사

꽃과 종자 성품에서 남이라	華種有生性
바탕으로 인해서 나고 꽃피우니	因地華生生
큰 연과 성품이 일치하면	大緣與性合
그 남은 나도 남 아니로세	當生生不生

제33조 대감 혜능 대사

정 있어 종자를 내림에	有情來下種
바탕 인해 결과 내어 영위하나	因地果還生
정이랄 것도 없고 종자랄 것도 없어서	無情旣無種
만물의 근원인 도의 성품엔 또한 남도 없네	無性亦無生

제34조 남악 회양 전법선사

마음의 바탕에 모든 종자 머금어져	心地含諸種
널리 비 내림에 모두 다 싹트도다	普雨悉皆生
단박에 깨달아 정을 다한 꽃피움에	頓悟華情已
보리의 과위가 스스로 이뤄졌네	菩提果自成

제35조 마조 도일 전법선사

마음의 바탕에 모든 종자 머금어져	心地含諸種
비와 이슬 만남에 모두 다 싹이 트나	遇澤悉皆萌
삼매의 꽃핌이라 형상이 없거늘	三昧華無相
무엇이 무너지고 무엇이 이뤄지랴	何壞復何成

제36조 백장 회해 전법선사

마음 외에 본래에 다른 법이 없거늘	心外本無法
부촉함이 있다 하면 마음법이 아닐세	有付非心法
원래에 마음법 없음을 깨달은	旣知非法心
이러-한 마음법을 그대에게 부촉하네	如是付心法

제37조 황벽 희운 전법선사

본래에 말로는 부촉할 수 없는 것을	本無言語囑
억지로 마음의 법이라 전함이니	强以心法傳
그대가 원래에 받아 지닌 그 법을	汝旣受持法
마음의 법이라고 다시 어찌 말하랴	心法更何言

제38조 임제 의현 전법선사

마음의 법 있으면 병이 있고	病時心法在
마음의 법 없으면 병도 없네	不病心法無
내 부촉한 마음의 법에는	吾所付心法
마음의 법 있는 것 아니로세	不在心法途

제39조 흥화 존장 전법선사

지극한 도는 간택함이 없으니	至道無揀擇
본래의 마음이라 향하고 등짐이 없느니라	本心無向背
이 같음을 감당해 이으려는가?	便如此承當
봄바람에 곤한 잠을 더하누나	春風增瞌睡

제40조 남원 혜옹 전법선사

대도는 온통 맘에 있다지만	大道全在心
맘에 구함 있으면 그르치네	亦非在心求
그대에게 부촉한 자심의 도에는	付汝自心道
기쁨도 근심도 없느니라	無喜亦無憂

제41조　풍혈 연소 전법선사

나 이제 법 없음을 말하노니　我今無法說
말한 바가 모두 다 법 아니라　所說皆非法
법 없는 법 지금에 부촉하니　今付無法法
이 법에도 머무르지 말아라　不可住于法

제42조　수산 성념 전법선사

말한 적도 없어야 참법이니　無說是眞法
이 말함은 원래에 말함 없네　其說元無說
나 이제 말한 적도 없을 때　我今無說時
말함이라 말한들 말함이랴　說說何曾說

제43조　분양 선소 전법선사

예로부터 말함 없음 부촉했고　自古付無說
지금의 나 또한 말함 없네　我今亦無說
다만 이 말함 없는 마음을　只此無說心
모든 부처 다 같이 말한 바네　諸佛所共說

제44조　자명 초원 전법선사

허공이 형상이 없다 하나　虛空無形像
형상도, 허공도 아닐세　形像非虛空
내 부촉한 마음의 법이란　我所付心法
공도 공한 공이어서 공 아닐세　空空空不空

제45조　양기 방회 전법선사

허공이 면목이 없듯이　虛空無面目
마음의 상 또한 이와 같네　心相亦如然
곧 이렇게 비고 빈 마음을　卽此虛空心
높은 중에 높다고 하는 걸세　可稱天中天

제46조 백운 수단 전법선사

마음의 본체가 허공같아	心體如虛空
법 또한 허공처럼 두루하네	法亦遍虛空
허공 같은 이치를 증득하면	證得虛空理
법도 아니요, 공한 맘도 아니로세	非法非心空

제47조 오조 법연 전법선사

도에는 나라는 나 원래 없고	道我元無我
도에는 맘이란 맘 원래 없네	道心元無心
오직 이 나라 함도 없는 법으로	唯此無我法
나라 함 없는 맘에 일체하네	相契無我心

제48조 원오 극근 전법선사

참나에는 본래에 맘이랄 것 없으며	眞我本無心
참마음엔 역시나 나랄 것 없으나	眞心亦無我
이러-히 참답게 참마음에 일체되면	契此眞眞心
나를 나라 한들 어찌 거듭된 나겠는가	我我何曾我

제49조 호구 소륭 전법선사

도 얻으면 자재한 마음이고	得道心自在
도 얻지 못하면 근심이라 하나	不得道憂惱
본래의 마음의 도 부촉함에	付汝自心道
기쁨도, 근심도 없느니라	無喜亦無惱

제50조 응암 담화 전법선사

맑던 하늘 구름 덮인 하늘 되고	天晴雲在天
비 오더니 젖어있는 땅일세	雨落濕在地
비밀히 마음을 부촉함이여	秘密付與心
마음법이란 다만 이것일세	心法只這是

제51조 밀암 함걸 전법선사

부처님은 눈으로써 별을 보고 佛用眼觀星
난 귀로써 소리를 들었도다 我用耳聽聲
나의 함이 부처님의 함과 같아 我用與佛用
내 밝음이 그대의 밝음일세 我明汝亦明

제52조 파암 조선 전법선사

부처와 더불어 중생의 보는 것이 佛與衆生見
원래 근본 부처인데 금 그은들 바뀌랴 元本佛隔線
그대에게 부촉한 본연의 마음법에는 付汝自心法
깨닫고 깨닫지 못함도 없느니라 非見非不見

제53조 무준 사범 전법선사

내가 만약 봄이 없다 할 때에 我若不見時
그대 응당 봄이 없이 보아라 汝應不見見
봄에 봄 없어야 본연의 봄이니 見見非自見
본연의 마음이 언제나 드러났네 自心常顯現

제54조 설암 혜랑 전법선사

진리는 곧기가 거문고줄 같다는데 眞理直如絃
어떻게 침묵이나 말로 다시 할 것인가 何默更何言
나 이제 그대에게 공교롭게 부촉하니 我今善付囑
밝힌 마음 본래에 얻음이 없는 걸세 表心本無得

제55조 급암 종신 전법선사

사람에겐 미혹하고 깨달음이 본래 없는데 本無迷悟人
미했느니 깨쳤느니 제 스스로 분별하네 迷悟自家計
젊어서 깨달았다 말이나 한다면 記得少壯時
늙어서까지라도 깨닫지 못할 걸세 而今不覺老

제56조 석옥 청공 전법선사

이 마음이 지극히 광대하여　此心極廣大
허공에 비할 수도 없다네　虛空比不得
이 도는 다만 오직 이러-하니　此道只如是
밖으로 찾음 쉬어 받아 지녔네　受持休外覓

제57조 태고 보우 전법선사

지극히 큰 이것인 이 마음과　至大是此心
지극히 성스러운 이것인 이 법이라　至聖是此法
등불과 등불의 광명처럼 나뉨 없음　燈燈光不差
이 마음 스스로가 통달해 마침일세　了此心自達

제58조 환암 혼수 전법선사

마음 중의 본연의 마음과　心中有自心
법 중의 지극한 법을　法中有至法
내가 지금 부촉한다 하나　我今可付囑
마음법엔 마음법이라 함도 없네　心法無心法

제59조 구곡 각운 전법선사

온통인 도, 마음의 광명이라 할 것도 없으나　一道不心光
과거, 현재, 미래와 시방을 밝힘일세　三際十方明
어떻게 지극히 분명한 이 가운데　何於明白中
밝음과 밝지 않음 있다고 하리오　有明有不明

제60조 벽계 정심 전법선사

나 지금 법 없음을 부촉하고　我無法可付
그대는 무심으로 받는다 하나　汝無心可受
전함 없고 받음 없는 맘이라면　無付無受心
누구라도 성취하지 못했다 하랴　何人不成就

제61조　벽송 지엄 전법선사

마음이 곧 깨달음의 마음이요	心卽能知心
법이 곧 깨달음의 법이라	法卽可知法
마음법을 마음법이라 전한다면	法心付法心
마음도, 법도 아닐세	非心亦非法

제62조　부용 영관 전법선사

조사와 조사가 법 없음을 부촉한다 하나	祖祖無法付
사람과 사람마다 본래 스스로 지님일세	人人本自有
그대는 부촉함도 없는 법을 받아서	汝受無付法
긴요히 뒷날에 전하도록 하여라	急着傳於後

제63조　청허 휴정 전법선사

참성품은 본래에 성품이라 할 것 없고	眞性本無性
참법은 본래에 법이라 할 것 없네	眞法本無法
법이니 성품이니 할 것 없음 깨달으면	了知無法性
어떠한 곳엔들 통달하지 못하랴	何處不通達

제64조　편양 언기 전법선사

법도 아니고 법 아님도 아니고	非法非非法
성품도 아니고 성품 아님도 아니며	非性非非性
마음도 아니고 마음 아님도 아님이	非心非非心
그대에게 부촉하는 궁극의 마음법일세	付汝心法竟

제65조　풍담 의심 전법선사

부처님이 전하신 꽃 드신 종지와	師傳拈花宗
내가 미소지어 보인 도리를	示我微笑法
친히 손수 그대에게 분부하니	親手分付汝
받들어 지녀 누리에 두루하게 하라	持奉遍塵刹

제66조 월담 설제 전법선사

깨달아선 깨달은 바 없으며	得本無所得
전해서는 전함 또한 없느니라	傳亦無可傳
전함도 없는 법을 부촉함이여	今付無傳法
동서가 온통한 하늘일세	東西共一天

제67조 환성 지안 전법선사

전하거나 받을 법이 없어서	無傳無受法
전하거나 받는다는 맘도 없네	無傳無受心
부촉하나 받은 바 없는 이여	付與無受者
허공의 힘줄마저 뽑아서 끊었도다	掣斷虛空筋

제68조 호암 체정 전법선사

연류에 따른 일단사여	沿流一段事
머리도 꼬리도 필경 없네	竟無頭與尾
사자새끼인 그대에게 부촉하니	付與獅子兒
사자후 천지에 가득케 하라	哨吼滿天地

제69조 청봉 거안 전법선사

서 가리켜 동에 그림이여	指西喚作東
풍악산의 뭇 봉우리로다	楓嶽山衆峰
불조의 이러한 법을	佛祖之此法
너에게 분부하노라	分付今日汝

제70조 율봉 청고 전법선사

머리도 꼬리도 없는 도리	無頭尾道理
오늘 그대에게 전해주니	今日傳授汝
이후로 보림을 잘 하여서	此後善保任
영원히 끊어짐이 없게 하라	永遠無斷絶

제71조　금허 법첨 전법선사

그믐날 근원에 돌아간다 말했으나　晦日豫言爲還元
법신에 그 어찌 가고 옴이 있으랴　法身何有去與來
푸른 하늘 해 있고, 못 가운데 연꽃일세　日在靑天池中蓮
이 법을 분부하니 끊어짐이 없게 하라　此法分付無斷絶

제72조　용암 혜언 전법선사

'연꽃이 나왔다' 하여 보인 큰 도리를　示出蓮之大道理
다시 또 뜰 밑 나무 가리켜 보여서　復亦指示庭下樹
후일의 크고 큰일 그대에게 부촉하니　後日大事與咐囑
잘 지녀 보림하여 끊어짐 없게 하라　保任善持無斷絶

제73조　영월 봉율 전법선사

사느니 죽느니 이 무슨 말들인고　生也死也是何言
물밭엔 연꽃이고 하늘엔 해일세　水田蓮花在天日
가없이 이러-해서 감출 수 없이 드러남　無邊無藏露如是
오늘 네게 분부하니 끊어짐 없게 하라　今日分付無斷絶

제74조　만화 보선 전법선사

봄산과 뜬구름을 동시에 보아라　春山浮雲觀同時
중생들의 이익될 바 그 가운데 있느니라　普益衆生在其中
이 가운데 도리를 이제 네게 부촉하니　此中道理今付汝
계승해 끊임없이 번성케 할지어다　繼承無斷爲繁盛

제75조　경허 성우 전법선사

하늘의 뜬구름이 누설한 그 도리를　浮雲漏泄其道理
오늘날 선자에게 부촉하여 주노니　今日咐囑與禪子
철저하게 보림하여 모범을 보임으로　保任徹底示模範
후세에 끊어짐이 없게 할 맘, 지니게나　後世無斷爲持心

제76조　만공 월면 전법선사

구름과 달, 산과 계곡이라, 곳곳에서 같음이여　雲月溪山處處同
선가의 나의 제자 수산의 큰 가풍일세　叟山禪子大家風
은근히 무문인을 그대에게 분부하니　慇懃分付無文印
이 기틀의 방편이 활안 중에 있노라　一段機權活眼中

제77조　전강 영신 전법선사

불조도 전한 바 없어서　佛祖未曾傳
나 또한 얻은 바 없음을…　我亦無所得
가을빛 저물어 가는 날에　此日秋色暮
뒷산의 원숭이가 울고 있네　猿嘯在後峰

제78대　농선 대원 전법선사

부처와 조사도 일찍이 전한 것이 아니거늘　佛祖未曾傳
나 또한 어찌 받았다 하며 준다 할 것인가　我亦何受授
이 법이 2천년대에 이르러서　此法二千年
널리 천하 사람을 제도하리라　廣度天下人

부처님으로부터 직계로 내려온 불조정맥 제78대 농선 대원 선사님

농선 대원 전법선사의 3대 서원

오로지 정법만을 깨닫기 서원합니다.
입을 열면 정법만을 설하기 서원합니다.
중생이 다하는 그날까지 교화하기 서원합니다.

성불사 국제정맥선원 대웅전

성불사 국제정맥선원은

농선 대원 선사님께서 주석하시는 곳으로

대원 선사님의 지도하에 비구스님들이

직접 지은 도량이다.

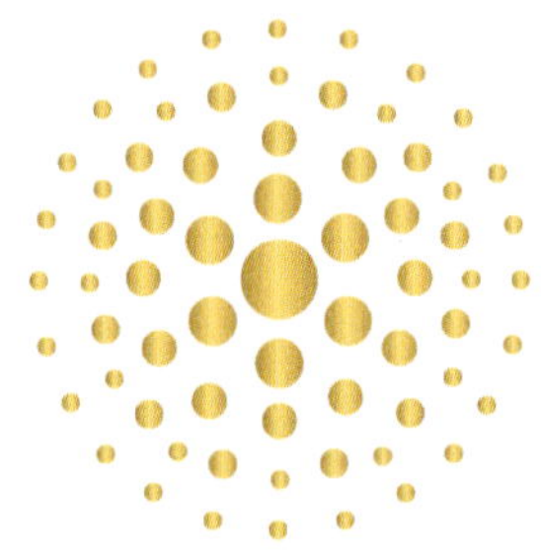

불교 8대 선언문

불교는 자신에게서 영생을 발견하게 한 유일한 종교이다.

불교는 자신에게서 모든 지혜를 발견하게 한 유일한 종교이다.

불교는 자신에게서 모든 능력을 발견하게 한 유일한 종교이다.

불교는 자신에게서 모든 것을 이루게 한 유일한 종교이다.

불교는 자신에게서 극락을 발견하게 한 유일한 종교이다.

불교는 깨달으면 차별 없어 평등하다는 유일한 종교이다.

불교는 모든 억압 없이 자신감을 갖게 한 유일한 종교이다.

불교는 그러므로 온 누리에 영원할 만인의 종교이다.

농선 대원 전법선사 주창

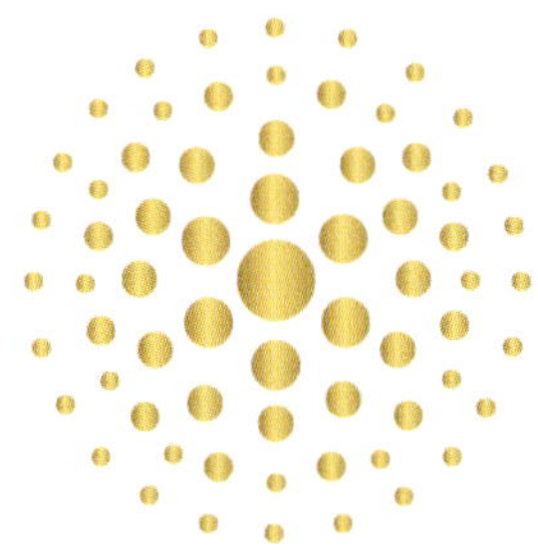

전세계의 불교계에서 통일시켜야 할 일

경전의 말씀대로 32상과 80종호를 갖춘 불상으로 통일해야 한다.

예불 드리는 법을 통일해야 한다.

불공의식을 통일해야 한다.

농선 대원 전법선사 주창

농선 대원 선사의 전등록 발간의 의의

선문(禪文)이란 말 밖의 말로 마음을 바로 가리켜 깨닫게 하여 그 깨달은 마음 바탕에서 닦아 불지(佛地)에 이르게 하는 문(門)이다. 그러기에 지식이나 알음알이로는 헤아려 알 수 없는 것이어서 깨달아 증득하여 일체종지(一切種智)를 이룬 이가 아니고는 그 요지를 바로 보아 이끌어 줄 수 없다.

지금 불교의 현실이 대본산 강원조차 이런 안목으로 이끌어 주는 선지식이 없어서 선종(禪宗) 최고의 공안집인 '전등록', '선문염송' 강의가 모두 폐강된 상황이다.

이에 대원 선사님께서는 불조(佛祖)의 요지가 말이나 글에 떨어져 생사해탈의 길이 단절되는 것을 염려하여 깨달음의 법을 선리(禪理)에 맞게 바로 잡는 역경 작업에 혼신을 다하고 계신다.

대원 선사님께서는 19세에 선운사 도솔암에서 활연대오한 후, 대선지식과의 법거량에서 한 치의 주저함도 없이 명쾌하게 응대하시니 당시 12대 선지식들께서 탄복해 마지않으셨다. 경봉 선사님과 조계종 지혜제일 전강 선사님과의 문답만을 보더라도 취모검과 같은 대원 선사님의 선지를 엿볼 수 있다.

맨 처음 통도사 경봉 선사님을 찾아뵈었을 때, 마침 늦가을 감나무에서 감을 따고 계신 경봉 선사님을 보자 감나무 주위를 한 번 돌고서 있으니, 경봉 선사님께서 물으셨다.

"어디서 왔는가?"

"호남에서 왔습니다."

"무엇을 공부했는가?"

"선을 공부했습니다."

"무엇이 선이냐?"

"감이 붉습니다."

"네가 불법을 아는가?"

"알면 불법이 아닙니다."

위의 문답이 있은 후 경봉 선사님께서는 해제 법문을 대원 선사님께 맡기셨으나 대원 선사님께서는 아직 그럴 때가 아니라 여겨져 그 이튿날인 해제일 새벽 직전에 통도사를 떠나와 버리셨다.

또 광주 동광사에서 처음 전강 선사님을 뵈었을 때, 20대 초면의 젊은 승려인 대원 선사님께 전강 선사님께서 대뜸 '달마불식 도리'를 일러보라 하셨다. 대원 선사님께서 아무 말없이 다가가 전강 선사님의 목에 있는 점 위의 털을 뽑아 버리고 종무소로 가니, 전강 선사님께서 "여기 사람 죽이는 놈이 있다."하며 종무소까지 따라오다 방장실로 돌아가셨다.

그 이후 대원 선사님께서 군산 은적사에서 전강 선사님을 시봉하며 모시고 계실 때, 전강 선사님께서 또 물으셨다.

"공적의 영지를 일러라."

"이러-히 스님과 대담합니다."

"영지의 공적을 일러라."

"스님과 대담에 이러-합니다."

"이러-한 경지를 일러라."

"명왕은 어상을 내리지 않고 천하일에 밝습니다."

대원 선사님의 답에 전강 선사님께서는 희색이 만면해서 고개를 끄덕이며 당신 처소로 돌아가셨다.

이에 그치지 않고 전강 선사님께서 대구 동화사 조실로 계실 때, 대원 선사님께 말씀하셨다.

"대중들이 자네를 산으로 불러내어 그 중에 법성(조계종 종정 진제스님)이 달마불식 도리를 일러보라 했을 때 '드러났다'라고 답했다는데, 만약에 자네가 양무제였다면 '모르오'라고 이르고 있는 달마 대사에게 어떻게 했겠는가?"

"제가 양무제였다면 '성인이라 함도 설 수 없으나 이러-히 짐의 덕화와 함께 어우러짐이 더욱 좋지 않겠습니까?'하며 달마 대사의 손을 잡아 일으켰을 것입니다."

그러자 전강 선사님께서 탄복하며 말씀하셨다.

"어느새 그 경지에 이르렀는가?"

"이르렀다곤들 어찌하며 갖추었다곤들 어찌하며 본래라곤들 어찌하리까? 오직 이러-할 뿐인데 말입니다."

대원 선사님의 대답에 전강 선사님께서 크게 기뻐하셨다.

이와 같이 대원 선사님께서는 20대 초반에 이미 어떤 선지식의 물음에도 전광석화와 같이 답하셨으며 그 법을 씀이 새의 길처럼 흔적 없는 가운데 자유자재하셨다.

깨달음의 방편에 있어서는 육조 대사께서 마주 앉은 자리에서 사람들을 깨닫게 하셨듯이, 제자들을 제접해 직지인심(直指人心)으로 스스로의 마음에 사무쳐 들게 하여 근기에 따라 보림해 갈 수 있도록 이끌어주시니, 꺼져가는 정법의 기치를 바로 일으켜 세움이라 하겠다.

또한 선지식이라면 이변(理邊)에서 뿐만이 아니라 사변(事邊)에서도 먼 안목으로 인류가 무엇을 어떻게 대비하며 살아가야 할지를 예언하고 이끌어 주어야 한다고 하셨다.

그래서 1962년부터 주창하시기를, 전 세계가 21세기를 '사막 경영의 시대'로 삼아 사막화된 지역에 '사막 해수로 사업'을 하여 원하는 지역의 기후를 조절해야 하고, 자원을 소모하는 발전소 대신 파도, 태양열, 풍력 등의 대체 에너지와 무한 원동기를 개발해야 한다고 하셨다. 또, 도로를 발전소화하여 전기를 생산하는 방법 등을 구체적으로 제안하시고, 천재지변을 대비하여 각자의 집에서 농사를 짓는 '울안의 농법'을 연구하시는 등 만인이 더 나은 삶을 살 수 있는 길을 끊임없이 일러 주고 계신다.

이와 같이 대원 선사님께서는 일체종지를 이룬 지혜로, '참나를 깨달아 마음이 내가 된 삶'을 위한 깨달음의 법으로부터 닥쳐오는 재난을 막고 지구를 가장 살기 좋은 세상으로 만드는 방편까지 늘 그 방향을 제시하고 계신다.

한편, 불교의 최고 경전인 '화엄경 81권'을 완간하여 불보살님의 불가사의한 화엄세계를 열어 보이셨으며, 선문 최대의 공안집인 '선문염송 30권' 1,463칙에 대하여 석가모니 부처님 이래 최초로 전 공안을 맑은 물 밑바닥 보듯이 회통쳐 출간하셨다.

이제 대원 선사님께서는 7불과 역대 조사들의 깨달음의 진수가 담긴 '전등록 30권'을 그런 혜안(慧眼)으로 조사마다 선리의 토끼뿔을 더해 닦아 증득할 수 있도록 밝혀 보이셨다. 그리하여 생사윤회길을 헤매는 중생들에게 해탈의 등불이 되고자 하셨으며, 불조(佛祖)의 정법이 후세에까지 끊어지지 않게 하여 부처님 은혜에 보답하고자 하셨다.

부처님 가신 지 오래 되어 정법은 약하고 삿된 법이 만연한 지금, 중생이 다하는 날까지 중생을 구제하기 서원하는 대원 선사님과 같은 명안종사(明眼宗師)가 계심은 불보살님의 자비광명이 이 땅에 두루한 은덕이라 하겠다.

바로보인 불법 ㊸

전傳 등燈 록錄

6

도서출판 문젠(구, 바로보인)은 정맥선원에서 운영하고 있습니다.

* 인제산(人濟山) 성불사(成佛寺) 국제정맥선원
경기도 포천시 내촌면 소리개길 86-178 ☎ 031-531-8805
* 인제산(人濟山) 이룬절 포천정맥선원
경기도 포천시 내촌면 소리개길 86-123 ☎ 031-531-2433
* 백양산(白楊山) 자모사(慈母寺) 부산정맥선원
부산시 동래구 아시아드대로 114번길 10 대륙코리아나 2층 212호 ☎ 051-503-6460
* 자모산(慈母山) 육조사(六祖寺) 청도정맥선원
경북 청도군 매전면 동산리 산 50 ☎ 010-4543-2460
* 광암산(光巖山) 성도사(成道寺) 광주정맥선원
광주광역시 광산구 삼도광암길 34 ☎ 062-944-4088
* 대통산(大通山) 대통사(大通寺) 해남정맥선원
전남 해남군 화산면 송계길 132-98 중정마을 ☎ 061-536-6366

바로보인 불법 ㊸

전 등 록 6

초판 1쇄 펴낸날 단기 4354년, 불기 3048년, 서기 2021년 9월 30일

역 저 농선 대원 선사
펴 낸 곳 도서출판 문젠(Moonzen Press)
11192, 경기도 포천시 내촌면 소리개길 86-178
전화 031-534-3373 팩스 031-533-3387
신고번호 2010.11.24. 제2010-000004호

편집윤문출판 법심 최주희, 법운 정숙경
인디자인 전자출판 지일 박한재
표 지 글 씨 춘성 박선옥
인 쇄 북크림

도서출판문젠 www.moonzenpress.com
정 맥 선 원 www.zenparadise.com
사막화방지국제연대(IUPD) www.iupd.org

값 15,000원
ISBN 978-89-6870-606-6
ISBN 978-89-6870-600-4 04220(전30권)

서 문

전등록은 말 없는 말이며 말 밖의 말이라서 학식이나 재치만으로는 번역이 실로 불가능한 일이다. 그러기에 육조단경(六祖壇經)을 보면 법화경을 삼천 번이나 독송한 법달(法達)은 글 한 자 모르시는 육조(六祖)께 경의 뜻을 물었고, 글을 모르시는 육조께서는 법화경의 바른 뜻을 설파하셔서 법달을 깨닫게 하신 것이다.

그런데 하루는 본인에게 법을 물으러 다니시던 부산의 목원 하상욱 본연님이 오셔서 시중에 나온 전등록 번역본 두세 가지를 보이시며 범인인 당신에게도 부처님과 조사님들의 본래 뜻에 맞지 않는 대문이 군데군데 눈에 뜨인다며 바른 의역의 필요성을 절감한다고 하셨다. 그 후로 전등록 번역을 바로 해주십사 하는 간청이 지극하여 비록 단문하나 이 일을 시작하게 되었다.

부처님과 조사님들의 근본 뜻에 어긋남이 없게 하기 위해 노력하였으나 약속한 기간 내에 해내기란 실로 벅찬 일이어서 혹시 미비한 점이 없지 않으리니 강호 제현의 좋은 지적이 있기를 바란다.

불법(佛法)이란 본자연(本自然)이라 누가 설(說)하고 누가 듣고 배울 자리요만 그렇지 못한 이가 또한 있어서 부처님과 조사님들의 허물이 생기는 것이다.

어떤 것이 부처인고?
화분의 빨간 장미니라.

이 가운데 남전(南泉) 뜰꽃 도리(道理)며 한산(寒山) 습득(拾得)의 웃음을 누릴진저.

단기(檀紀) 4354년
불기(佛紀) 3048년
서기(西紀) 2021년

무등산인 농선 대원 분향근서
(無等山人 弄禪 大圓 焚香謹書)

양억(楊億)의 경덕전등록 서문

석가모니께서 일찍이 연등 부처님의 수기를 받아, 현겁(賢劫)의 보처(補處)가 되어 이 땅에 탄강하시고 법을 펴서 교화하시기가 49년이었으니 방편과 진리, 돈오(頓悟)와 점수(漸修)의 문호를 여시고, 헤아릴 수 없이 많은 다양한 교법을 내려 주셨다.

근기(根機)에 따라 진리를 깨닫게 하신 데서 삼승(三乘)의 차별이 생겼으니, 사물에 접하는 대로 중생을 이롭게 하여 한량없는 중생을 제도하셨다. 그 자비는 넓고 컸으며 그 법식(法式)은 두루 갖추어져 있었다.

쌍림(雙林)에서 열반에 드실 때 가섭(迦葉)에게만 유촉하신 것이 차츰차츰 전하여 달마에 이르러서 비로소 문자를 세우지 않고 마음의 근원을 곧바로 보이게 되었으니, 차례를 밟지 않고 당장에 부처의 경지에 오르게 되어 다섯 잎[1]이 비로소 무성하고 천 개의 등불[2]이 더욱 찬란하여서, 보배 있는 곳에 이른 이는 더욱 많고, 법의 바퀴를 굴린 이도 하나가 아니었다.

부처님께서 부촉하신 종지와 정법안장(正法眼藏)이 유통되는 도리는 교리 밖에서 따로 행해지는 불가사의(不可思議)한 것이다.

태조(太祖)께서 거룩하신 무력으로 전란을 진압하신 뒤에 사찰을 숭상하여 제도의 문을 활짝 여셨고, 태종(太宗)께서 밝으신 변재로 비밀한 법을 찬술하시어 참된 이치를 높이셨으며, 황상(皇上)[3]께서 높으신 학덕으로 조사의 뜻을 이어 거룩한 가르침에 머릿말을 쓰셔 종풍(宗風)을 잇게 하시니, 구름 같은 문장이 진리의 하늘에 빛나고, 부처의 황금같은 설법

---

1) 다섯 잎 : 중국 선종의 2조 혜가로부터 6조 혜능에 이르는 다섯 조사를 말한다.
2) 천 개의 등불 : 중국에 선법(禪法)이 전해진 이후 등장한 수많은 견성도인들을 말한다.
3) 황상(皇上) : 송의 진종(眞宗)을 말한다.

이 깨달음의 동산에 펼쳐졌다.

대장경의 말씀에 비밀히 계합하고, 인도로부터의 법맥이 번창하니, 뭇 선행을 늘리는 이가 더욱 많아졌고, 요의(了義)[4]를 전하는 사람들이 간간이 나타나서 원돈(圓頓)의 교화가 이 지역에 퍼졌다.

이에 동오(東吳)의 승려인 도원(道原)이 선열(禪悅)의 경지에 마음을 모으고, 불법의 진리를 샅샅이 찾으며, 여러 세대의 조사 법맥을 찾고, 제방의 어록(語錄)을 모아 그 근원과 법맥에 차례를 달고, 말씀들을 차례차례 엮되, 과거 7불로부터 대법안(大法眼)의 문도에 이르기까지 무릇 52세대, 1,701인을 수록하여 30권으로 만들어 경덕전등록이라 하여 대궐로 가지고 와서 유포해 주기를 청하였다.

황상께서는 불법을 밖으로부터 보호하고자 하시고, 승려들의 부지런함을 가상히 여겨 마음가짐을 신중히 하고 생각을 원대히 하여 좌사간(左司諫) 지제고(知制誥) 양억(楊億)과 병부원외랑(兵部員外郎) 지제고(知制誥) 이유(李維)와 태상승(太常丞) 왕서(王曙) 등을 불러 교정케 하시니, 신(臣) 등은 우매하여 삼학(三學)[5]의 근본 뜻을 모르고 5성(五性)[6]의 방편에 어두우며, 훌륭한 번역 솜씨도 없고, 비야리 성에서 보인 유마 거사의 묵연(默然) 도리[7]에도 둔하건만 공손히 지엄하신 하명(下命)을 받들어 감히 끝내 사양하지 못하였다.

그 저술된 내용을 두루 살펴보면 대체로 진공(眞空)[8]으로써 근본을 삼고 있고, 옛 성인께서 도에 들던 인연을 서술할 때나 옛 사람이 진리를 깨달은 이야기를 표현할 때엔 근기와 인연의 계합함이 마치 활쏘기와 칼쓰

---

4) 요의(了義) : 일을 다 마친 도리, 깨달아서 깨달음마저 두지 않는 경지를 말한다.

5) 삼학(三學) : 계(戒), 정(定), 혜(慧).

6) 5성(五性) : 법상종의 용어. 일체중생의 근기를 다섯 성품으로 나누어서 성불할 근기와 성불하지 못할 근기로 나누었다.

7) 유마 거사의 묵연 도리 : 유마 거사가 비야리성에서 그를 문병하러 온 문수보살과 법담을 할 때 잠자코 말이 없음으로 불이(不二)의 도리를 드러내 보인 일을 말한다.

8) 진공(眞空) : 색(色)이니 공(空)이니를 초월해서 누리는 경지.

기가 알맞는 것 같아 지혜가 갖추어진 데서 광명을 내어, 채찍 그림자만 보고도 달리는 말과 같은 상근기자(上根機者)들에게 널리 도움이 되고 있다.

후학(後學)들을 인도함에는 현묘한 진리를 드날리고 있고, 다른 이야기를 가져올 때에는 출처를 밝히고 있으며, 다듬어지지 않은 부분도 많으나 훌륭한 부분도 찾아볼 수 있었다. 모든 대사들이 대중에게 도리를 보일 때에 한결같은 소리로 펼쳐 보이고 있으니 영특한 이가 귀를 기울여 듣는다면 무수한 성인들이 증명한다 할 것이다. 개괄해서 들추어도 그것이 바탕이어서 한군데만 취해도 그대로가 옳다.

만일 별달리 더 붓을 댄다면 그 돌아갈 뜻을 잃을 것이다. 중국과 인도에서의 말이 이미 다르지 않은데 자칫하면 구슬에다 무늬를 새기려다 보배에 흠집을 낼 우려가 있기에, 이런 종류는 모두 그대로 두었다. 더욱이 일은 실제로 행한 것만을 취해 기록하여 틀림없이 잘 서술했으나 말이란 오래도록 남아 전해지는 까닭에 전혀 문장을 다듬지 않을 수는 없었다.

어떤 사연을 기록할 때엔 그 자취를 자세히 하였고 말이 복잡해지거나 이야기가 저속한 것이 있으면 모두 삭제하되 문맥이 통하게 하였다.

유교(儒教)의 대신이나 거사(居士)의 문답에 이르러 벼슬자리와 성씨가 드러난 이는 연대와 역사에 비추어 잘못을 밝히고, 사적(史籍)에 따라 틀린 점을 바로잡아 믿을 만한 전기가 되게 하였다.

만일 바늘을 던져 맞추듯 한 치의 어긋남 없이 도리를 밝히는 일이 아니거나, 번갯불이 치듯 빠른 기틀을 내보이는 일이 아니거나, 묘하게 밝은 참 마음을 보이는 일이 아니거나, 고(苦)와 공(空)의 깊은 이치를 조사(祖師)의 뜻 그대로 기술(記述)하는 일이 아니라면, 어떻게 등불을 전한다는 전등(傳燈)이라는 비유에 계합(契合)하는 그 극진한 공덕을 베풀 수 있었겠는가?

만일 감응(感應)한 징조만을 서술하거나 참문하고 행각한 자취만을 기록한다 할 것 같으면 이는 이미 승사(僧史)에 밝혀져 있는 것이니, 어째서 선가(禪家)의 말씀을 굳이 취하겠는가? 세대와 계보의 명칭을 남긴 것만이 아니라 스승과 제자가 이어지는 근거를 널리 기록하였다.

그러나 옛날 책에 실린 것을 보면 잘 다듬어지지 않은 내용을 수록하고 잘 다듬어진 것은 버린 일이 있는데, 다른 기록에 남아 있으면 해당하는 문장을 찾아 보완하고, 더욱 널리 찾아서 덧붙이기도 하였다. 또한 서문과 논설에 이르러 혹 옛 조사(祖師)의 문장이 아닌 것이 사이사이 섞이어 공연히 군소리가 되었으면 모두 간추려서 다 깎아버렸으니, 이같이 하여 1년 만에 일이 끝났다.

저희 신(臣)들은 성품과 식견이 우둔하고, 학문이 넓지 못하고, 기틀이 본래 얕고, 문장력은 부족하여 묘한 도리가 사람에게 달렸다고는 하나 마음에서 떠난 지 오래되고 깊은 진리를 나타내는 말이 세속에서 단절되어, 담벽을 마주한 듯 갑갑하게 지낸 적이 많았다. 과분하게도 추천해 주시는 은혜를 받았으나 아무 힘도 발휘하지 못했다. 편찬하는 일이 이미 끝났으므로 이를 임금님께 바친다. 그러나 임금님의 뜻에 맞지 않아, 임금님께서 거룩히 살펴보시는 데에 공연히 누만 끼치는 것이 아닌가 한다. 삼가 바친다.

한림학사조산대부행좌사간지제고동
수국사판사관사주국남양군개국후식읍
1천백호사자금어대신 양억 지음

景德傳燈錄序 昔釋迦文。以受然燈之夙記當賢劫之次補。降神演化四十九年。開權實頓漸之門。垂半滿偏圓之教。隨機悟理。爰有三乘之差。接物利生。乃度無邊之眾。其悲濟廣大矣。其軌式備具矣。而雙林入滅。獨顧於飲光。屈眴相傳。首從於達磨。不立文字直指心源。不踐楷梯徑登佛地。逮五葉而始盛。分千燈而益繁。達寶所者蓋多。轉法輪者非一。蓋大雄付囑之旨。正眼流通之道。教外別行不可思議者也。

聖宋啟運人靈幽贊。太祖以神武戡亂。而崇淨刹。闢度門。太宗以欽明禦辯。而述祕詮。暢真諦。皇上睿文繼志而序聖教繹宗風。煥雲章於義天。振金聲於覺苑。蓮藏之言密契。竺乾之緒克昌。殖眾善者滋多。傳了義者間出。圓頓之化流於區域。有東吳僧道原者。冥心禪悅。索隱空宗。披弈世之祖圖。釆諸方之語錄。次序其源派。錯綜其辭句。由七佛以至大法眼之嗣。凡五十二世。一千七百一人。成三十卷。目之曰景德傳燈錄。詣闕奉進冀於流布。

皇上爲佛法之外護。嘉釋子之勤業。載懷重慎。思致悠久。乃詔翰林學士左司諫知制誥臣楊億。兵部員外郎知制誥臣李維。太常丞臣王曙等。同加刊削。俾之裁定。臣等昧三學之旨迷五性之方。乏臨川翻譯之能。懵毘邪語默之要。恭承嚴命。不敢牢讓。竊用探索匪遑寧居。考其論譔之意。蓋以真空爲本。將以述曩聖入道之因。標昔人契理之說。機緣交激。若拄於箭鋒。智藏發光。旁資於鞭影。

誘道後學。敷暢玄猷。而捃摭之來。徵引所出。糟粕多在。油素可尋。其有大士。示徒。以一音而開演。含靈聳聽。乃千聖之證明。屬概舉之是資。取少分而斯可。若乃別加潤色失其指歸。既非華竺之殊言。頗近錯雕之傷寶。如此之類悉仍其舊。況又事資紀實。必由於善敘。言以行遠。非可以無文。其有標錄事緣。縷詳軌跡。或辭條之紛糾。或言筌之猥俗。並從刊削。俾之綸貫。

至有儒臣居士之問答。爵位姓氏之著明。校歲歷以愆殊。約史籍而差謬。咸用刪去。以資傳信。自非啟投針之玄趣。馳激電之迅機。開示妙明之真心。祖述苦空之深理。即何以契傳燈之喻。施刮膜之功。若乃但述感應之徵符。專敘參遊之轍跡。此已標於僧史。亦奚取於禪詮。聊存世系之名。庶紀師承之自然而舊錄所載。或掇粗而遺精。別集具存。當尋文而補闕。率加釆擷。爰從附益。逮於序論之作。或非古德之文。問廁編聯徒增楦釀（楦釀二字出唐張燕公文集。謂冗長也）亦用簡別多所屏去。迄茲周歲方遂終篇。臣等性識媿於冥煩。學問慚於涉獵。天機素淺。文力無餘。妙道在人。雖刳心而斯久。玄言絕俗。固牆面以居多。濫膺推擇之私。靡著發揮之效。已克終於紬繹。將仰奉於清閒。莫副宸襟空塵睿覽。謹上。

翰林學士朝散大夫行左司諫知制誥同
修國史判史館事柱國南陽郡開國侯食邑
一千百戶賜紫金魚袋臣楊億 撰

승려 희위(希渭)의 경덕전등록 재발간사

호주로(湖州路) 도량산(道場山) 호성만세선사(護聖萬歲禪寺)의 늙은 중 희위(希渭)는 본관이 경원로(慶元路) 창국주(昌國州)이며 성은 동(董)씨다.

어릴 때부터 고향의 성에 있는 관음선사(觀音禪寺)에 가서 절조(絶照) 화상을 스승으로 삼았고, 법명(法名)을 받게 되어 자계현(慈溪縣) 개수(開壽)의 보광선사(普光禪寺)에 가서 용원(龍源) 화상에 의해 머리를 깎고 승려가 되었다.

그대로 오대율사(五臺律寺)로 가서 설애(雪涯) 화상에게 구족계를 받은 뒤에 짐을 꾸려 서쪽으로 향해 행각을 떠나 수행을 하다가 나중에 다시 은사이신 용원 화상을 만나 이 산으로 옮겨 왔다.

스승을 따라 배움에 참여하고 이로움을 구한 지 벌써 여러 해가 되었다. 항상 스승의 은혜를 생각하면서도 갚을 기회가 없었다. 그런데 삼가 윗대로부터의 부처와 조사들을 수록한 경덕전등록 30권을 보니 7불로부터 법안(法眼)의 법사(法嗣)에 이르기까지 전부 52세대(世代)인데, 경덕(景德)에서 연우(延祐) 병진년에 이르기까지 317년이나 지나서 옛 판본이 다 썩어버려 남아있지 않기 때문에 후학들이 보고 싶어도 볼 수가 없었다. 이에 발심하여 다시 간행한다.

홀연히 내 고향에 있는 천성선사(天聖禪寺)의 송려(松廬) 화상이 소장하고 있던, 여산(廬山)의 은암(隱庵)에서 찍은 옛 책이 가장 보존이 잘 된 상태로 입수되었는데, 아주 내 마음에 들었다. 마침내 병진(丙辰)년 정월 10일에 의발 등속을 모두 팔아 1만 2천여 냥을 얻었다. 그날 당장에 공인(工人)에게 간행할 것을 명하여 조사의 도리가 세상에 유포되게 하였다. 이 책은 모두 36만 7천 9백 17자이다. 그해 음력 12월 1일에야 공인의 작업이 끝났다.

당장에 300부를 인쇄하여 전당강(錢塘江) 남북지역과 안중(安衆)지역[9]의 여러 명산(名山)의 방장(方丈)[10]과 몽당(蒙堂)[11]과 여러 요사(寮舍)[12]에 한 부씩을 비치케 하여 온 세상의 도를 분변(分辨)하는 참선납자(參禪衲子)들이 참구하기에 편하도록 하였다. 이를 잘 이용하여 사은(四恩)[13]을 갚고 아울러 삼유(三有)의 중생[14]에게도 도움이 되기 바란다.

대원(大元) 연우(延祐) 3년[15] 음력 12월 1일
늙은 중 희위(希渭)가 삼가 쓰고
젊은 비구 문아(文雅)가 간행을 감독하고
주지 비구 사순(士洵)이 간행하다.

---

9) 두 지역은 희위 스님의 고향인 호주(湖州)와 비교적 인접한 지역들이다.

10) 방장(方丈) : 절의 주지가 거처하는 방. 지금은 견성한 이가 아니더라도 주지를 맡고 있으나 그 당시에는 견성한 도인이라야 그 절의 주지를 맡았다. 따라서 방장에는 대체로 법이 높은 스님이 기거하는 경우가 대부분이었다.

11) 몽당(蒙堂) : 승사(僧寺)의 일에서 물러난 사람이 거처하는 방.

12) 요사(寮舍) : 절에서 대중이 숙식하는 방.

13) 사은(四恩) : 보시(布施), 자애(慈愛), 화도(化導), 공환(共歡)의 네가지 시은(施恩), 또는 부모(父母), 중생(衆生), 국왕(國王), 삼보(三寶)의 네가지 지은(知恩).

14) 삼유(三有)의 중생 : 욕계(慾界), 색계(色界), 무색계(無色界)의 삼계(三界)를 유전하는 미혹한 중생.

15) 서기 1316년.

차 례

일러두기

1. 대만에서 펴낸 『경덕전등록(景德傳燈錄)』(宋釋道原 編, 新文豐出版公司, 民國 75년, 1986년)에 의거해서 번역했으며 누락된 부분 없이 완역하였다.
2. 농선 대원 선사가 각 선사장마다 선리의 토끼뿔을 더하여 닦아 증득하는데 도움이 되도록 하였다.
3. 뜻이 통하지 않는데도 오자가 아닐 때는 옛 한문 사전에서 그 조사 당시에 그 글자가 어떻게 쓰였는가를 찾아 번역하였다. 예를 들어 '還'자가 돌아올 '환'으로가 아니라 영위할 '영'으로 쓰여 뜻이 통한 경우에는 '영위하다' '누리다'로 의역하였다.
4. 선사들의 생몰연대는 여러 기록된 내용이 일치하지 않거나 미상으로 되어 있는 바가 많아, 각 선사 당시의 나라와 왕의 연대, 불교의 상황 등을 역사학자들이 전문적으로 연구하여 밝혀야 할 부분이 있기에, 이 책에서는 여러 자료와 연구 결과가 일치된 내용만을 주에서 표기하였다.
5. 첨가한 주의 내용은 불교에 대한 지식이 없는 이들도 선문답을 참구해 가는데 도움이 되도록 간략하게 달았으며, 주의 내용에 따라서는 사전적인 뜻보다는 선리(禪理)로서 그 뜻을 밝혀 마음에 비추어 참구할 수 있도록 하였다.

남악(南嶽) 회양(懷讓) 선사의 법손

남악(南嶽) 회양(懷讓) 선사의 제1세 9인

- 강서(江西) 마조(馬祖) 도일(道一) 선사

(이상 1인은 본문에 기록되어 있다. 원주)

- 남악(南嶽) 상호(常浩) 선사
- 지달(智達) 선사
- 탄연(坦然) 선사
- 조주(潮州) 신조(神照) 선사
- 양주(揚州) 대명사(大明寺) 엄준(嚴峻) 선사
- 신라국(新羅國) 본여(本如) 선사
- 현성(玄晟) 선사
- 동무산(東霧山) 법공(法空) 선사

(이상 8인은 본문에 기록되어 있지 않다. 원주)

남악(南嶽) 회양(懷讓) 선사의 제2세 중 36인(마조의 법손)

- 월주(越州) 대주(大珠) 혜해(慧海) 선사
- 홍주(洪州) 늑담(泐潭) 법회(法會) 선사
- 지주(池州) 삼산(杉山) 지견(智堅) 선사
- 홍주(洪州) 늑담(泐潭) 유건(惟建) 선사
- 예주(澧州) 명계(茗谿) 도행(道行) 선사

6권 법계보

- 무주(撫州) 석공(石鞏) 혜장(慧藏) 선사
- 당주(唐州) 자옥산(紫玉山) 도통(道通) 선사
- 강서(江西) 북란(北蘭) 양(讓) 선사
- 낙경(洛京) 불광(佛光) 여만(如滿) 선사
- 원주(袁州) 남원(南源) 도명(道明) 선사
- 흔주(忻州) 역촌(酈村) 자만(自滿) 선사
- 낭주(朗州) 중읍(中邑) 홍은(洪恩) 선사
- 홍주(洪州) 백장산(百丈山) 회해(懷海) 선사

(이상 13인은 본문에 기록되어 있다. 원주)

- 호영(鎬英) 선사
- 왕모산(王姥山) 소연(翛然) 선사
- 숭태(崇泰) 선사
- 화주(華州) 복서사(伏棲寺) 책(策) 선사
- 예주(澧州) 송자탑(松滋塔) 지총(智聰) 선사
- 당주(唐州) 운수산(雲秀山) 신감(神鑒) 선사
- 항주(杭州) 지장(智藏) 선사
- 양주(揚州) 서령사(棲靈寺) 지통(智通) 선사
- 경조(京兆) 회도(懷韜) 선사
- 처주(處州) 법장(法藏) 선사
- 상주(常州) 명간(明幹) 선사
- 하중부(河中府) 회칙(懷則) 선사

6권 법계보

- 악주(鄂州) 홍담(洪潭) 선사
- 노부(潞府) 청련(青蓮) 원례(元禮) 선사
- 상원(象原) 회탄(懷坦) 선사
- 하중부(河中府) 보경(保慶) 선사
- 감천(甘泉) 지현(志賢) 선사
- 대회산(大會山) 도오(道晤) 선사
- 노부(潞府) 법유(法柔) 선사
- 경조(京兆) 함통사(咸通寺) 각평(覺平) 선사
- 의흥(義興) 승변(勝辯) 선사
- 홍주(洪州) 개원사(開元寺) 현허(玄虛) 선사
- 해릉(海陵) 경운(慶雲) 선사

(이상 23인은 본문에 기록되어 있지 않다. 원주)

남악(南嶽) 회양(懷讓) 선사의 법손(法孫)

회양(懷讓) 선사의 제1세 법손

강서(江西) 마조(馬祖) 도일(道一) 선사

도일 선사[1]는 한주(漢州)의 십방(什邡) 사람으로 성은 마(馬)씨이다.

얼굴이 특이하고 소걸음에 호랑이 눈이었으며 혀를 내밀면 코를 덮고 발바닥에는 두 개의 고리 무늬가 있었다.

어릴 때에 자주(資州)의 당 화상(唐和尚)에 의하여 승려가 되었고, 유주(渝州)의 원 율사(圓律師)에게 구족계를 받았다.

懷讓禪師第一世 江西道一禪師。漢州什邡人也。姓馬氏。容貌奇異牛行虎視。引舌過鼻。足下有二輪文。幼歲依資州唐和尚落髮。受具於渝州圓律師。

---

1) 도일 선사(709 ~ 788).

당의 개원 때에 형악(衡岳)의 전법원(傳法院)에서 선정을 익히다가 회양(懷讓) 화상을 만났는데, 같이 공부하던 아홉 사람 가운데서 대사만이 심인(心印)을 비밀히 받았다.[2)]

처음에는 건양현의 불적령(佛迹嶺)에서 임천(臨川)으로 옮겨 왔다가 이어서 남강의 홍공산으로 와서 대력 때에는 개원정사(開元精舍)라고 이름을 걸었다.

唐開元中習禪定於衡嶽傳法院。遇讓和尚。同參九人唯師密受心印(讓之一猶思之遷也。同源而異派。故禪法之盛始於二師。劉軻云。江西主大寂。湖南主石頭。往來憧憧不見二大士為無知矣。西天般若多羅記達磨云。震旦雖闊無別路。要假姪孫脚下行。金雞解銜一顆米。供養十方羅漢僧。又六祖能和尚謂讓曰。向後佛法從汝邊出馬駒蹋殺天下人。厥後江西法嗣布於天下。時號馬祖焉)。始自建陽佛迹嶺遷至臨川。次至南康龔公山。大歷中隸名於開元精舍。

---

2) 회양 밑의 마조 도일은 마치 행사 밑의 석두 희천과 같으니 같은 근원에서 다른 갈래로 퍼졌다. 두 대사에게서 선법의 성황이 시작되었다. 유가(劉軻)가 말하기를 "강서의 주인 대적(大寂, 마조 도일)과 호남의 주인 석두(石頭, 석두 희천)가 서로 당당히 왕래해야 옳았거늘 두 대사가 서로 만나지 않았으니 참 알지 못할 일이로다"라고 하였다.
인도의 반야다라가 달마에게 예언하기를 "진단(震旦)이 넓어도 딴 길이 없어서 종손(從孫)의 다리(脚) 아래서 행하기를 요하니 금닭이 쌀 한 톨을 물어 와 시방의 아라한 승려에게 공양한다." 하였고 또한 6조가 회양에게 예언하기를 "이후의 불법은 그대 곁에서 망아지가 나와서 천하 사람을 다 밟아 죽이리라."고 하였다. 그 후 강서의 법을 이은 이가 천하에 베푸니 당시에 마조라 불렀다. (원주)

이때에 대장군〔連帥〕[3]인 노사공(路嗣恭)이 덕화를 전해 듣고 사모하다가 직접 와서 종지(宗旨)를 받으니, 이때부터 사방의 학자들이 구름같이 모여들었다.

하루는 대중에게 말하였다.

"여러분들 모두는 각자 자기의 마음이 부처임을 믿어라. 이 마음이 곧 부처의 마음이다. 달마 대사께서 남천축국에서 친히 중국에 오셔서 최상승인 온통인 마음의 법을 전하여 그대들로 하여금 깨닫게 하시고, 또 『능가경』을 인용하여 중생의 마음 바탕을 인증하신 것은 그대들이 전도되어 스스로가 믿지 않을까 걱정하셨기 때문이다. 이 마음의 법은 제각기 가지고 있다.

그러므로 『능가경』에서 이르기를 '부처님의 말씀은 마음을 종(宗)으로 삼고, 문이 없음으로 법문을 삼는다.'라고 하였다.

또 이르기를 '법을 구하는 이는 응당 구하는 바가 없어야 한다.

時連帥路嗣恭。聆風景慕親受宗旨。由是四方學者雲集座下。一日謂眾曰。汝等諸人各信自心是佛。此心即是佛心。達磨大師從南天竺國來。躬至中華。傳上乘一心之法。令汝等開悟。又引楞伽經文。以印眾生心地。恐汝顛倒不自信。此心之法各各有之。故楞伽經云。佛語心為宗。無門為法門。又云。夫求法者應無所求。

3) 연수(連帥) : 원문의 연수(連帥)는 지방의 고급 장관을 이른다. 당나라 때는 관찰사와 안찰사를 가리킨다.

마음 밖에 따로 부처가 없고 부처 밖에 따로 마음이 없는 것이니, 선을 취하지도 말고 악을 버리려고도 말며, 더럽고 깨끗한 양변에 모두 의존하지 말라. 죄의 성품이 공함을 통달하면 생각하고 생각해서 얻는 것이 아니니, 자성이 없기 때문이다.'라고 하였다.

그러므로 삼계가 오직 마음뿐이요, 삼라만상은 모두 한 가지 법으로 인증한 바이니, 무릇 보는 바 색은 모두 마음을 보는 것이며, 마음은 마음을 말미암을 수 없으므로 색을 인하여 마음이 있게 된 것이다.

그대들이여, 다만 때를 따라 말한 것일 뿐 사변 그대로가 이변이어서 전혀 걸리는 바가 없는 것이니, 보리의 도과(道果)도 또한 이와 같다. 마음에서 생긴 것을 곧 이름하여 색(色)이라 한 것이니, 색이 공하다는 것을 알면 생겨서 생기는 것도 아니다.

만일 이 마음을 깨달으면 수시로 옷을 입거나 밥을 먹되 성인의 태를 길러 걸림 없이 세월을 보내게 되리니, 그 밖에 무슨 일이 있으랴. 그대들은 나의 가르침을 잘 받아들이고 나의 게송을 들어라."

心外無別佛。佛外無別心。不取善不捨惡。淨穢兩邊俱不依怙。達罪性空念念不可得。無自性故。故三界唯心。森羅萬象一法之所印。凡所見色皆是見心。心不自心因色故有心。汝但隨時言說。即事即理都無所礙。菩提道果亦復如是。於心所生即名為色。知色空故生即不生。若了此心。乃可隨時著衣喫飯。長養聖胎任運過時。更有何事汝受吾教。聽吾偈曰。

마음의 바탕에서 때에 따라 말을 하나
보리여서 또한 편안할 뿐이다
사변(事辨)과 이변(理辨)에 함께 걸림 없어서
생겨서 생기는 것도 아니다

어떤 승려가 물었다.
"화상은 어찌하여 마음이 곧 부처라 하십니까?"
대사가 말하였다.
"아기의 울음을 그치게 하기 위해서이니라."
"울음을 그친 뒤에는 어찌 합니까?"
"마음도 아니요, 부처도 아니다."
"이 두 가지 이외의 사람이 오면 어떻게 가르쳐 보이시겠습니까?"

心地隨時說
菩提亦只寧
事理俱無礙
當生即不生

僧問。和尚為什麼說即心即佛。師云。為止小兒啼。僧云。啼止時如何。師云。非心非佛。僧云。除此二種人來如何指示。

대사가 말하였다.

"그에게 물건도 아니라고 하리라."

승려가 물었다.

"홀연히 그 가운데 사람이 와서 맞이할 때 어찌 합니까?"

"일단 그로 하여금 대도를 체득해 알도록 한다."

"어떤 것이 서쪽에서 오신 뜻입니까?"

"지금은 무슨 뜻인가?"

방 거사(龐居士)가 물었다.

"물은 힘줄도 뼈도 없는데 능히 만 섬의 짐을 실은 배를 이기니, 이 이치가 어떠합니까?"

대사가 말하였다.

"여기는 물도 없고 배도 없는데 무슨 힘줄과 뼈를 말하는가?"

하루는 대사가 법상에 올라 말없이 보이자, 백장(百丈)이 자리 앞의 방석을 걷어치우니, 대사가 곧 법당에서 내려와 버렸다.

師云。向伊道不是物。僧云。忽遇其中人來時如何。師云。且教伊體會大道。僧問。如何是西來意。師云。即今是什麼意。龐居士問。如水無筋骨能勝萬斛舟。此理如何。師云。這裏無水亦無舟。說什麼筋骨。一日師上堂良久。百丈收却面前席。師便下堂。

백장이 물었다.

“어떤 것이 불법의 요지〔旨趣〕[4]입니까?”

“바로〔正是〕[5] 그대가 몸과 목숨을 놓아 버린 곳이다.”

대사가 백장에게 물었다.

“그대는 어떤 법으로 사람들에게 보이는가?”

백장이 불자를 세우니, 대사가 말하였다.

“그것뿐인가, 그 밖에 또 있는가?”

백장이 불자를 던져버렸다.

어떤 승려가 물었다.

“어떻게 해야 도에 합할 수 있습니까?”

대사가 말하였다.

“나는 일찍이 도에 합한 적도 없다.”

百丈問。如何是佛法旨趣。師云。正是汝放身命處。師問百丈。汝以何法示人。百丈竪起拂子。師云。只這箇為當別有。百丈抛下拂子。僧問。如何得合道。師云。我早不合道。

---

4) 지취(旨趣) : 원문의 지취(旨趣)는 요지(要旨). 대의(大意)라는 뜻이다.

5) 정시(正是) : 원문의 정시(正是)는 바로라는 뜻이다. 就是.

어떤 승려가 물었다.
"어떤 것이 조사가 서쪽에서 오신 뜻입니까?"
대사가 얼른 때리면서 말하였다.
"내가 만약 너를 때리지 않으면 제방에서 나를 비웃는다."

어떤 젊은 승려가 행각(行脚) 길에서 돌아와 대사 앞에서 원상을 그리고, 그 위에 서서 절을 하고 우뚝 서있으니, 대사가 말하였다.
"그대는 부처가 되고자 하는 것이 아니냐?"
그 승려가 대답하였다.
"저는 눈을 비빌 줄 모릅니다."[6]
대사가 말하였다.
"나는 너보다 못하다〔不如〕."[7]
젊은 승려가 대답도 안하였다.

僧問。如何是西來意。師便打乃云。我若不打汝諸方笑我也。有小師行脚迴。於師前畫箇圓相。就上禮拜了立。師云。汝莫欲作佛否。云某甲不解捏目。師云。吾不如汝。小師不對。

---

6) 눈을 비비면 허공의 꽃이 보이는데 선문답에서는 실답지 못한 것을 비유하여 눈을 비빈다고 한다.

7) 불여(不如) : 원문의 불여(不如)는 '~보다 못하다'라는 뜻이다. 比不上.

등은봉(鄧隱峯)이 대사를 하직하니 대사가 물었다.
"어디로 가려는가?"
"석두(石頭)께 가겠습니다."
"석두의 길은 미끄러우니라."
"장대 하나를 지니고 다니다가 넓은 마당을 만나면 연극을 하지요."
그리고는 떠나서 석두에게 이르자마자, 선상(禪床)을 한 번 돌고 석장을 한 번 흔들어 소리를 낸 뒤에 말하였다.
"이것이 무슨 종지입니까?"
석두가 말하였다.
"아이고, 아이고!"
은봉이 말없이 바로 대사에게 돌아와서 이 사실을 이야기하니, 대사가 말하였다.
"다시 가서 그가 '아이고, 아이고!' 하거든 그대는 얼른 '어험〔噓噓〕[8)]' 해 봐라."

鄧隱峰辭師。師云。什麼處去。對云。石頭去。師云。石頭路滑。對云。竿木隨身逢場作戲。便去。纔到石頭。即繞禪床一匝振錫一聲。問是何宗旨。石頭云。蒼天蒼天。隱峰無語。却迴舉似於師。師云。汝更去。見他道蒼天。汝便噓噓。

8) 허허(噓噓) : 원문의 허허(噓噓)는 '쉬잇', 제지하는 의사를 표시하는 뜻이다.

은봉이 다시 석두에게 가서 이전처럼 물었다.

“이것이 무슨 종지입니까?”

그러자 석두가 먼저 “어험” 해버렸다.

은봉이 또 말을 못하고 돌아오니 대사가 말하였다.

“그대에게 석두의 길이 미끄럽다 하지 않더냐.”

어떤 승려가 대사의 앞에다 네 획을 긋는데, 위의 하나는 길게, 아래의 셋은 짧게 그어놓고 물었다.

“하나는 길고 셋은 짧다 하지 말고, 이 네 글자를 여의고 그 밖에 화상의 대답을 청합니다.”

그러자 대사가 땅에다가 한 획을 긋고 말하였다.

“길다거나 짧다고 하지 말라. 그대에게 답해 마쳤느니라.”[9)]

강을 설하는 어떤 승려가 와서 물었다.

“선종에서는 어떤 법을 전해 받습니까?”

隱峯又去石頭。一依前問。是何宗旨。石頭乃噓噓。隱峯又無語。歸來。師云。向汝道。石頭路滑。有僧於師前作四畫。上一長下三短。問云。不得道一長三短。離此四字外請和尚答。師乃畫地一畫云。不得道長短。答汝了也(忠國師聞別云。何不問老僧)。有一講僧來問云。未審禪宗傳持何法。

9) 충 국사(忠國師)가 이 말을 듣고 따로 말하기를 “어찌 나에게 묻지 않았을까?” 하였다. (원주)

대사가 도리어 물었다.

“좌주(座主)[10]는 어떤 법을 전해 가지는가?”

강사가 대답하였다.

“겨우 20여 본의 경과 논을 강의합니다.”

“그러면 스님은 사자 새끼가 아니겠소?”

“감히 그렇겠습니까?”

대사가 ‘어험’ 하고 소리를 하니, 그가 말하였다.

“이것이 법입니다.”

“이것이 무슨 법인가?”

“사자가 굴에서 나오는 법입니다.”

대사가 이에 잠잠히 있으니, 그가 말하였다.

“이것도 또한 법입니다.”

“이것이 무슨 법인가?”

“사자가 굴속에 있는 법입니다.”

師却問云。座主傳持何法。彼云。忝講得經論二十餘本。師云。莫是獅子兒否。云不敢。師作噓噓聲。彼云。此是法。師云。是什麼法。云獅子出窟法。師乃默然。彼云。此亦是法。師云是什麼法。云獅子在窟法。

---

10) 좌주(座主) : 강사의 존칭.

대사가 말하였다.

"나오지도 않고 들어가지도 않는 것은 무슨 법인가?"

그가 대답이 없었다.[11]

그리고는 하직하고 문을 나서는데, 대사가 "좌주여!" 하고 불렀다.

그가 머리를 획 돌리니, 대사가 물었다.

"그것은 무엇인가?"

그가 또 대답이 없으니, 대사가 말하였다.

"이 우둔한 대사야."

홍주의 염사가 물었다.

"제자가 술과 고기를 먹어야 옳습니까, 먹지 않아야 옳습니까?"

대사가 말하였다.

"만약 먹는다면 중승(中丞)[12]의 녹(祿)이요, 먹지 않는다면 중승의 복(福)이다."

師云。不出不入是什麼法。無對(百丈代云。見麼)。遂辭出門。師召云座主。彼即迴首。師云。是什麼。亦無對。師云。這鈍根阿師。洪州廉使問云。弟子喫酒肉即是。不喫即是。師云。若喫是中丞祿。不喫是中丞福。

---

11) 백장(百丈)이 대신 말하기를 "보셨소?" 하였다. (원주)

12) 중승(中丞) : 관직 이름. 당나라 때 지방 관찰사는 대부분 어사중승의 관직을 겸했다.

대사에게 입실한 제자가 139명인데 제각기 한 지방에서 종주(宗主)가 되어 무궁한 교화를 폈다.

정원(貞元) 4년 정월에 건창의 석문산(石門山)으로 가서 숲속을 거닐다가 골짜기의 평탄한 곳을 보고 시자에게 말하기를 "나의 낡아빠진 몸이 다음 달에 이곳으로 돌아올 것이다."라고 하였다.

말을 마친 후 마침내 돌아왔는데, 2월 4일이 되자 과연 미약한 병이 생기더니 목욕을 마치고 가부좌를 틀고 앉아 열반에 들었다.

원화(元和) 때에 대적(大寂) 선사라는 시호를 추사하였고, 탑호를 대장엄(大莊嚴)이라 하였는데 지금도 해혼현(海昏縣)에 영당(影堂)이 있다.[13]

師入室弟子一百三十九人。各為一方宗主轉化無窮。師於貞元四年正月中。登建昌石門山於林中經行。見洞壑平坦處。謂侍者曰。吾之朽質當於來月歸茲地矣。言訖而迴。至二月四日果有微疾。沐浴訖跏趺入滅。元和中追諡大寂禪師。塔曰大莊嚴。今海昏縣影堂存焉(高僧傳云。大覺禪師按權德輿作塔銘言。馬祖終於開元寺。荼毘於石門而建塔也。至會昌沙汰後大中四年七月。宣宗勅江西觀察使裴休重建塔并寺。賜額寶峯)。

---

13) 『고승전』에 이르기를 "대각 선사이다."라고 하였고, 권덕여가 지은 탑명에 이르기를 "마조 대사는 개원사에서 열반하였고, 석문산에서 다비를 하여 탑을 세웠다. 회창년의 사태 후에 대중 4년 7월에 선종이 강서 관찰사 배휴에게 조칙을 내려 탑과 사찰을 중건하게 하고 보봉이라고 편액을 내렸다."라고 하였다. (원주)

 토끼뿔

ᗝ "물은 힘줄도 뼈도 없는데 능히 만 섬의 짐을 실은 배를 이기니, 이 이치가 어떠합니까?" 에 대해

대원은 "어찌 그 뿐이리오. 방 거사가 지금 입술을 움직여 말하는 것은 어떤가?" 하고, 조금 있다가
"발은 가로며 코는 세로네." 하리라.

ᗝ 또 어떤 승려가 대사의 앞에다 네 획을 긋는데, 위의 하나는 길게, 아래의 셋은 짧게 그어놓고 "하나는 길고 셋은 짧다 하지 말고, 이 네 글자를 여의고 그 밖에 화상의 대답을 청합니다." 했을 때

대원은 한 획을 길게 그어놓고 "길다 하겠는가, 짧다 하겠는가?" 하고, 곧바로 "험." 하리라.

ꩰ 또 대사가 "좌주여"하고 불렀을 때 그가 머리를 획 돌리자 "그것은 무엇인가?" 했는데

"함 없는 자재올시다." 했더라면 "이 우둔한 대사야." 소리를 듣지 않았을 것이다.

회양(懷讓) 선사의 제2세(마조의 법손)

월주(越州) 대주(大珠) 혜해(慧海) 선사

혜해 선사는 건주(建州) 사람으로 성은 주(朱)씨이다. 월주 대운사(大雲寺)의 도지(道智) 화상을 의지하여 수행하였다.

처음에 강서(江西)로 가서 마조를 뵈니 마조가 물었다.

"어디에서 왔는가?"

"월주 대운사에서 왔습니다."

"여기 와서 무슨 일을 헤아리려 하는가?"

"불법을 구하러 왔습니다."

懷讓禪師第二世馬祖法嗣 越州大珠慧海禪師者。建州人也。姓朱氏。依越州大雲寺道智和尚受業。初至江西參馬祖。祖問曰。從何處來。曰越州大雲寺來。祖曰。來此擬須何事。曰來求佛法。

마조가 말하였다.

"자기의 보배창고는 돌아보지도 않고 집을 버리고 허둥지둥 다니면서 뭐하는 짓인가? 나에게는 한 물건도 없는데 무슨 불법을 구한다는 것인가?"

대사가 이어서 절을 하고 물었다.

"어떤 것이 혜해 자신의 보배창고입니까?"

"바로 지금 나에게 묻는 것이 그대의 보배창고이다. 일체가 구족되어 조금도 모자람이 없으며 자유로이 사용하는 것이다. 어째서 밖을 향해 구하려 하는가?"

대사가 그 말끝에 자기의 근본 마음은 지각하는데 의하지 않는 것임을 알아차리고, 뛸 듯이 기뻐하면서 절하고 사례한 뒤에 6년 동안 시봉을 하였다.

나중에 은사의 나이가 많아지자 돌아가서 봉양을 하였는데, 자취와 활동을 감추고 겉으로 바보인 체하면서 『돈오입도요문론(頓悟入道要門論)』 한 권을 지었다.

祖曰。自家寶藏不顧拋家散走作什麼。我這裏一物也無。求什麼佛法。師遂禮拜問曰。阿那箇是慧海自家寶藏。祖曰。即今問我者。是汝寶藏。一切具足更無欠少。使用自在。何假向外求覓。師於言下自識本心。不由知覺。踊躍禮謝。師事六載。後以受業師年老遽歸奉養。乃晦迹藏用外示癡訥。自撰頓悟入道要門論一卷。

그런데 조카 사제인 현안(玄晏)이 그것을 훔쳐다가 강서[江外]의 마조에게 갖다 바치니, 마조가 읽고 나서 대중에게 말하였다.

"월주에 큰 구슬이 있는데 원만하고 밝은 광명이 자유로이 비치어 막힌 곳이 없다."

대중 가운데 대사의 성이 주씨임을 아는 이가 있어서 서로서로 캐물어서 무리를 지어 월주로 와서 의지하였다.[14)]

대사가 말하였다.

"선객들이여, 나는 선(禪)을 모릅니다. 그리고 한 법도 남에게 보일 만 한 것이 없으니, 그대들은 수고롭게 오래 서 있지 마시고 각자 쉬어 가거나 하십시오."

이때에 배우는 승려들이 점점 많아져서 밤낮으로 법을 물으니 부득이하게 물음에 따라 대답을 하는데 그 변재가 막힘이 없었다.[15)]

이때에 법사 몇 사람이 와서 뵙고 말하였다.

被法門師姪玄晏竊出江外呈馬祖。祖覽訖告眾云。越州有大珠。圓明光透自在無遮障處也。眾中有知師姓朱者。迭相推識。結契來越上尋訪依附(時號大珠和尚者。因馬祖示出也)。師謂曰。禪客我不會禪。並無一法可示於人。故不勞汝久立。且自歇去。時學侶漸多日夜叩激。事不得已隨問隨答。其辯無礙。時有法師數人來謁曰。

---

14) 당시 호는 대주 화상이다. 마조로 인하여 세상에 알려졌다. (원주)

15) 전등록 28권에 월주(越州) 대주(大珠) 혜해(慧海) 화상 법어가 수록되어 있다.

"한 가지 묻겠는데 대답해 주시겠습니까?"

대사가 말하였다.

"깊은 못의 달그림자를 마음대로 건져 봐라."

"어떤 것이 부처입니까?"

"맑은 못에 얼굴을 대하는 것, 그것이 부처가 아니고 무엇이랴."

대중이 모두 망연하였다.[16)]

조금 있다가 그 승려가 또 물었다.

"스님은 어떤 법을 설하여 사람들을 제도하십니까?"

"나는 사람을 제도한 한 법도 없다."

"선사들은 모두가 이 모양이군."

대사가 도리어 물었다.

"대덕(大德)은 어떤 법을 설하여 사람을 제도하는가?"

"『금강반야경』을 강의하였습니다."

"몇 번이나 강의했는가?"

"20여 번 강의했습니다."

擬伸一問。師還對否。師曰。深潭月影任意撮摩。問如何是佛。師曰。清潭對面非佛而誰。衆皆茫然(法眼云。是即沒交涉)。良久其僧又問。師說何法度人。師曰。貧道未曾有一法度人。曰禪師家渾如此。師却問曰。大德說何法度人。曰講金剛般若經。師曰。講幾座來。曰二十餘座。

---

16) 법안(法眼)이 말하기를 "이는 교섭할 수가 없는 것이니라." 하였다. (원주)

대사가 물었다.

"이 경은 누가 설한 것인가?"

그 승려가 소리를 높여 말하였다.

"선사는 사람을 조롱하십니까? 어찌 부처님의 말씀인 줄 모른단 말이오?"

"만일 여래가 설법한 바가 있다고 하면 이는 부처를 비방하는 것이니 이 사람은 내가 말하는 뜻을 모르는 자요, 만일 이 경을 부처님의 말씀이 아니라 해도 이는 경을 비방하는 것이니, 대덕은 말해 봐라."

그 승려가 대답이 없었다.

조금 있다가 대사가 다시 물었다.

"경에서 '만일 색으로써 나를 보려거나 음성으로써 나를 구하면 이 사람은 삿된 도를 행하는 것이어서 여래를 보지 못한다.'라고 하였으니, 대덕은 말해 봐라. 어느 것이 여래인가?"

"제가 여기에 이르러서는 도리어 미혹해졌습니다."

대사가 말하였다.

師曰。此經是阿誰說。僧抗聲曰。禪師相弄。豈不知是佛說耶。師曰。若言如來有所說法。則為謗佛。是人不解我所說義。若言此經不是佛說。則是謗經。請大德說看。無對。師少頃又問。經云。若以色見我。以音聲求我。是人行邪道。不能見如來。大德且道。阿那箇是如來。曰某甲到此却迷去。師曰。

"원래부터 깨달음도 아니거늘 도리어 무엇을 미혹 했다곤들 하겠는가?"

승려가 말하였다.

"청컨대 선사님께서 설해 주십시오."

"대덕은 반야경을 20여 회나 강의했다면서 아직도 여래를 모르는구나."

그 승려가 거듭 절을 하며 열어 보여주기를 원하니, 대사가 말하였다.

"여래라는 것은 모든 법에 여여하다는 뜻이라 했는데 어찌하여 망각했는가?"

"그렇습니다. 모든 법에 여여하다는 뜻이라 해야 옳겠습니다."

"대덕이 옳다는 것은 옳은 것이 못된다."

"경문에 분명히 그렇다 했거늘 어찌 그렇지 않다 하십니까?"

"대덕이 여여한가?"

"예, 여여합니다."

"목석(木石)도 여여한가?"

從來未悟說什麼却迷。僧曰。請禪師為說。師曰。大德講經二十餘座。却未識如來。其僧再禮拜。願垂開示。師曰。如來者。是諸法如義。何得忘却。曰是。是諸法如義。師曰。大德是亦未是。曰經文分明那得未是。師曰。大德如否。曰如。師曰。木石如否。

"그렇습니다."

"대덕의 여여함과 목석의 여여함이 같은가, 다른가?"

"둘이 아닙니다."

"대덕은 목석과 무엇이 다른가?"

그 승려가 대답이 없었다. 그리고는 말없이 있다가 선뜻 물었다.

"어찌해야 큰 열반을 얻겠습니까?"

대사가 말하였다.

"생사의 업을 짓지 말아야 한다."

"어떤 것이 생사의 업입니까?"

"큰 열반을 구하는 것이 생사의 업이며, 더러운 것을 버리고 깨끗함을 취하는 것이 생사의 업이며, 얻음이 있고 증득함이 있는 것이 생사의 업이며, 대치문(對治門)[17]을 벗어나지 못하는 것이 생사의 업이니라."

"어찌해야 해탈을 얻을 수 있겠습니까?"

曰如。師曰。大德如同木石如否。曰無二。師曰。大德與木石何別。僧無對。良久却問。如何得大涅槃。師曰。不造生死業。對曰。如何是生死業。師曰。求大涅槃是生死業。捨垢取淨是生死業。有得有證是生死業。不脫對治門是生死業。曰云何即得解脫。

---

17) 대치문(對治門) : 번뇌를 없애고 미혹을 끊는 수행방편의 하나.

대사가 말하였다.

"본래 스스로 속박이 없는데 해탈을 구하려고 물을 필요가 없다. 바로 쓰고 바로 행함이 이 무등등(無等等)[18]의 경지이다."

그 승려가 말하였다.

"선사님 같은 화상은 실로 희유합니다."

그리고는 절을 하고 물러갔다.

어떤 행자가 물었다.

"마음이 곧 부처라 하였는데 어떤 것이 부처입니까?"

"그대는 어느 것이 부처가 아니라고 의심하는가? 내놔 봐라."

그가 대답이 없으니 대사가 말하였다.

"통달하면 온 세계가 이것이요, 깨닫지 못하면 영원히 어긋난다."

법명(法明)이라는 율사가 대사에게 말하였다.

師曰。本自無縛不問求解。直用直行是無等等。僧曰。如禪師和尚者。實謂希有禮謝而去。有行者問。即心即佛那箇是佛。師云。汝疑那箇不是佛指出看。無對。師云。達即遍境是。不悟永乖疎。有律師法明。謂師曰。

18) 무등등(無等等) : 이러히 차별 없는 데서 능히 차별을 나투어 응하여 모자람이 없는 경지.

"선사들이 많이 공에 떨어지더군요."

대사가 말하였다.

"도리어 좌주들이 많이 공에 떨어진다."

법명이 깜짝 놀라서 말하였다.

"어째서 공에 떨어졌다는 것입니까?"

"경과 논은 종이와 먹으로 된 문자이다. 종이와 먹으로 된 문자는 모두가 공하니, 소리 위에다 이름과 구절 등의 법을 건립해 늘어놓은 것으로서 공이 아닌 것이 없다. 좌주들은 그러한 글자와 문구에 집착되었으니, 어찌 공에 떨어지지 않았다 하겠는가?"

"선사께서는 공에 떨어지지 않았습니까?"

"공에 떨어지지 않았다."

"어째서 공에 떨어지지 않습니까?"

"문자 따위 모두가 지혜에서 생기니 대용(大用)[19]을 나투거늘 어찌 공에 떨어졌다 하리오."

법명이 말하였다.

禪師家多落空。師曰。却是座主家多落空。法明大驚曰。何得落空。師曰。經論是紙墨文字。紙墨文字者俱空。設於聲上建立名句等法。無非是空。座主執滯教體。豈不落空。法明曰。禪師落空否。師曰。不落空。曰何却不落空。師曰。文字等皆從智慧而生。大用現前那得落空。法明曰。

19) 대용(大用) : 함이 없는 함.

“그러나 한 법이라도 통달치 못한 것이 있으면 실달다라 이름하지 못한다는 것을 알아야 합니다.”

“율사는 공에 떨어졌을 뿐 아니라 이름도 말도 잘못 쓰는구나.”

법명이 정색을 하고 어디가 틀렸느냐고 물으니, 대사가 말하였다.

“율사는 중국과 천축의 말을 가리지도 못하거늘 어찌 율문을 강의했다는 것인가?”

“선사께서 법명의 잘못된 곳을 지적해 주십시오.”

“어찌 실달다가 범어인 줄 모르는가?”

율사는 속으로는 실수를 알았으나 아직도 분한 마음이 남아서 다시 물었다.

“경 · 율 · 논은 부처님의 말씀인데 읽고 외우고 의지해 수행하는 이들이 어찌하여 성품을 보지 못합니까?”

대사가 말하였다.

故知一法不達不名悉達。師曰。律師不唯落空。兼乃錯用名言。法明作色問曰。何處是錯。師曰。律師未辨華竺之音。如何講說。曰請禪師指出法明錯處。師曰。豈不知悉達是梵語耶。律師雖省過。而心猶憤然又問曰。夫經律論是佛語。讀誦依教奉行。何故不見性。師曰。

"미친개는 던진 흙덩이를 쫓지만 사자는 던진 사람을 무는 것과 같으니, 경 · 율 · 논은 자성의 작용이요, 읽고 외우는 것은 자성의 법칙일 뿐이다."

법명이 다시 물었다.

"아미타불(阿彌陀佛)도 부모와 성이 있습니까?"

"아미타불의 성은 교시가요, 아버지의 이름은 월상이요, 어머니의 이름은 수승묘안이다."

"어떤 경문에 나옵니까?"

"다라니집(陀羅尼集)에 나온다."

법명이 절을 하고 찬탄하면서 물러갔다.

어떤 삼장 법사(三藏法師)가 물었다.

"진여(眞如)에도 변역(變易)[20]이 있습니까?"

如狂狗趁塊獅子齩人。經律論是自性用。讀誦者是性法。法明曰。阿彌陀佛有父母及姓否。師曰。阿彌陀姓憍尸迦。父名月上。母名殊勝妙顏。曰出何教文。師曰。出陀羅尼集。法明禮謝讚歎而退。有三藏法師問。真如有變易否。

20) 변역(變易) : 변하여 바뀌는 것.

대사가 말하였다.

"변역이 있다."

삼장이 말하였다.

"선사는 잘못 아셨군요."

대사가 도리어 삼장에게 물었다.

"진여가 있는가?"

"있습니다."

대사가 말하였다.

"만약 변역이 없다면 영원히 범부인 승려이겠구나. 어찌 듣지 못했는가? 선지식은 삼독(三毒)[21]을 돌려서 삼취정계(三聚淨戒)[22]로 만들고, 육식(六識)을 돌려서 육신통으로 만들고, 번뇌를 돌려서 보리로 만들고, 무명을 돌려서 큰 지혜로 만든다. 만약 진여가 변역이 없다면 삼장은 진정으로 자연외도이다."

師曰。有變易。三藏曰。禪師錯也。師却問三藏。有真如否。曰有。師曰。若無變易決定是凡僧也。豈不聞。善知識者能迴三毒為三聚淨戒。迴六識為六神通。迴煩惱作菩提。迴無明為大智。真如若無變易三藏真是自然外道也。

21) 삼독(三毒) : 탐내는 마음, 화내는 마음, 어리석은 마음.
22) 삼취정계(三聚淨戒) : 대승보살의 계법.

삼장이 말하였다.

"만약 그렇다면 진여는 곧 변역이 있다 하겠습니다."

대사가 말하였다.

"만약 진여에 변역이 있다고 집착하면 역시 이것도 외도이다."

"선사께서는 방금 진여에 변역이 있다고 말씀하시고 지금은 또 변역이 없다고 말씀하시니, 어떤 것이 바른 것입니까?"

대사가 말하였다.

"만일 분명히 성품을 본 이라면 마니주(摩尼珠)에 빛이 나타나는 것 같아서 변한다 해도 맞고 변하지 않는다 하여도 맞지만, 성품을 보지 못한 이는 진여가 변한다는 말을 들으면 변한다는 견해를 짓고 변하지 않는다는 말을 들으면 변하지 않는다는 견해를 짓는다."

삼장이 말하였다.

"그러기에 남종(南宗)은 진실로 헤아릴 수 없습니다."

三藏曰。若爾者真如即有變易。師曰。若執真如有變易亦是外道。曰禪師適來說真如有變易。如今又道不變易。如何即是的當。師曰。若了了見性者。如摩尼珠現色。說變亦得。說不變亦得。若不見性人。聞說真如變便作變解。聞說不變便作不變解。三藏曰。故知南宗實不可測。

어떤 도교인이 물었다.

"세간에 자연보다 뛰어난 법이 있습니까?"

대사가 말하였다.

"있다."

"어떤 법이 자연보다 더 뛰어납니까?"

"능히 자연을 아는 것이니라."

"원기(元氣)가 도입니까?"

"원기라면 스스로 원기이고, 도라면 스스로 도다."

"만약 이와 같다면 응당 둘이 있겠습니다."

"두 가지가 없는 이를 알라."

그가 또 물었다.

"어떤 것이 삿되고, 어떤 것이 바른 것입니까?"

대사가 말하였다.

"마음이 물건을 좇으면 삿된 것이요, 물건이 마음을 따르면 바른 것이다."

有道流問。世間有法過自然否。師曰有。曰何法過得。師曰。能知自然者。曰元氣是道否。師曰。元氣自元氣道自道。曰若如是者則應有二。師曰。知無兩人。又問。云何為邪云何為正。師曰。心逐物為邪。物從心為正。

원 율사(源律師)라는 이가 와서 물었다.

"화상께서도 도를 닦으실 때에 공력(功力)을 들이십니까?"

대사가 말하였다.

"그렇다. 공력을 들인다."

"어떻게 공력을 들이십니까?"

"배고프면 밥을 먹고 피곤하면 잠을 잔다."

"일체 사람들도 모두 그러하니 스님과 같이 공력을 들인다 하겠습니까?"

"같지 않다."

"왜 같지 않습니까?"

"그들은 밥을 먹을 때에 밥만 먹지 않고〔不肯〕[23] 백 가지를 취하려고〔須索〕[24] 하며, 잠을 잘 때에는 잠만 자지 않고 천 가지나 계교한다. 그러므로 같지 않다."

율사가 말문이 막혔다.

有源律師來問。和尚修道還用功否。師曰。用功。曰如何用功。師曰。饑來喫飯困來即眠。曰一切人總如是同師用功否。師曰。不同。曰何故不同。師曰。他喫飯時不肯喫飯。百種須索。睡時不肯睡。千般計校。所以不同也。律師杜口。

---

23) 불긍(不肯) : 원문의 불긍(不肯)은 거절을 표시하는 말로 '~하지 않으려 하다'라는 뜻이다.

24) 수색(須索) : 원문의 수색(須索)은 취하다. 협박하다라는 뜻이다. 索取, 勒索.

온광 대덕(韞光大德)이라는 이가 물었다.

"선사께서는 태어날 곳을 스스로 알고 계십니까?"

대사가 말하였다.

"죽지도 않았는데 어찌 태어날 일을 논하랴. 나는〔生〕 것이라 하나 곧 나지 않는 법임을 알면, 나는 법을 여의지 않고 남이 있고 없음을 설한다. 조사께서도 남이 곧 나지 않음이라고 하셨다."

"성품을 보지 못한 이도 또한 이와 같음을 얻습니까?"

"스스로 성품을 보지 못했을 뿐이요, 성품이 없는 것은 아니니 무슨 까닭이겠는가? 보는 것이 곧 성품이니, 성품이 없으면 보지 못한다. 식이 곧 성품이므로 식성(識性)이라 하고, 깨달음이 곧 성품이므로 밝은 성품〔了性〕이라 부르며, 능히 만법을 내므로 법성(法性)이라 부르고, 또는 법신(法身)이라고도 한다.

마명 조사께서 말씀하시기를 '법이란 중생심을 말한다. 만약 마음이 남으로 해서 일체 법이 나지만, 만약 마음이 나지 않으면 법도 남이 없고 또한 이름조차 없다.'라고 하셨다.

有韞光大德問。禪師自知生處否。師曰。未曾死何用論生。知生即是無生法。無離生法說有無生。祖師云。當生即不生。曰不見性人亦得如此否。師曰。自不見性不是無性。何以故。見即是性無性不能見。識即是性故名識性。了即是性喚作了性。能生萬法喚作法性。亦名法身。馬鳴祖師云。所言法者。謂衆生心。若心生故一切法生。若心無生法無從生。亦無名字。

법신이란 형상이 없으나 사물에 응하여 형상을 나타낸다는 것을 미혹한 사람은 모르기 때문에, 푸른 대숲을 보고는 모두 법신이라 하고 울창한 노란 꽃을 반야가 아님이 없다고 한다.

노란 꽃이 반야라면 반야는 곧 무정물과 같을 것이요, 푸른 대가 법신이라면 법신은 곧 초목과 같을 것이다. 어떤 사람이 죽순을 먹으면 모두가 법신을 먹는 것이리니, 이와 같은 말을 어찌 수록〔齒錄〕[25]할 수 있겠는가?

마주 대하고서도 부처를 몰라보고 오랜 겁을 희구하며 전체가 법인데 미혹하여 밖을 향하여 찾는구나. 그러므로 도를 아는 이는 다니나 멈추나 앉으나 누우나 도가 아님이 없고, 법을 깨달은 이는 종횡으로 자유자재해서 법 아닌 것이 없다."

迷人不知法身無象應物現形。遂喚青青翠竹總是法身欝欝黃華無非般若。黃華若是般若。般若即同無情。翠竹若是法身。法身即同草木。如人喫筍。應總喫法身也。如此之言寧堪齒錄。對面迷佛長劫希求。全體法中迷而外覓。是以解道者行住坐臥無非是道。悟法者縱横自在無非是法。

---

25) 치록(齒錄) : 원문의 치록(齒錄)은 수록(收錄)하다라는 뜻이다. 등용하다. 채용하다.

대덕이 또 물었다.

"허공이 신령한 지혜를 냅니까? 참 마음도 선과 악을 반연합니까? 탐욕을 부리는 사람도 도리에 바를 수 있겠습니까? 옳고 그름에 집착된 사람도 나중에 마음을 통달할 수 있겠습니까? 경계에 부딪혀 마음을 내는 사람도 선정이 있겠습니까? 적막에 머무른 사람도 지혜가 있겠습니까? 남에게 오만한 생각을 품은 사람도 '나'가 있다고 하겠습니까?

'공'과 '있음'에 집착된 사람도 지혜가 있겠습니까? 글을 연구하여 증득하기를 취하는 사람과 고행으로 부처를 구하는 사람과 마음을 떠나서 부처를 구하는 사람과 마음에 집착하여 이것이 부처라고 하는 사람들의 이런 지혜도 도라 하겠습니까? 청컨대 선사께서 낱낱이 말씀해 주십시오."

대사가 말하였다.

大德又問。太虛能生靈智否。真心緣於善惡否。貪欲人是道否。執是執非人向後心通否。觸境生心人有定否。住寂寞人有慧否。懷傲物人有我否。執空執有人有智否。尋文取證人。苦行求佛人。離心求佛人。執心是佛人。此智稱道否。請禪師一一為說。師曰。

"허공은 영특한 지혜를 내지 못하고, 참 마음은 선과 악을 반연치 않고, 탐욕이 깊은 사람은 근기가 얕고, 옳고 그름을 서로 다투는 사람은 통달하지 못하고, 경계에 부딪혀 마음을 내는 사람은 선정이 약하고, 적막하여 기틀을 잊은 사람은 지혜가 침체되고, 중생에게 오만하여 도도한 생각을 품는 사람은 '나'라는 것이 강하고, '공'과 '있음'에 집착한 사람은 모두 어리석고, 글을 연구하여 증득함을 취하는 사람은 더욱 막히고, 고행으로 부처를 구하는 사람은 모두 미혹하고, 마음을 떠나서 부처를 구하는 사람은 외도이고, 마음에 집착하여 이것이 부처라 하는 사람은 마귀이다."

대덕이 말하였다.

"만약 이와 같다면 끝내 아무것도 없겠습니다."

"끝내 대덕이 없는 것은 아니지 않는가?"

대덕이 뛸 듯이 기뻐하면서 절하고 물러갔다.

太虛不生靈智。真心不緣善惡。嗜欲深者機淺。是非交爭者未通。觸境生心者少定。寂寞忘機者慧沈。傲物高心者我壯。執空執有者皆愚。尋文取證者益滯。苦行求佛者俱迷。離心求佛者外道。執心是佛者為魔。大德曰。若如是應畢竟無所有。師曰。畢竟是大德。不是畢竟無所有。大德踊躍禮謝而去[26]。

26) 이 다음 홍주(洪州) 백장산(百丈山) 유정(惟政) 선사의 전기는 제 9권 백장(百丈) 회해(懷海) 선사 밑으로 옮겨 기록한다.

토끼뿔

"성품을 보지 못한 이도 또한 이와 같음을 얻습니까?" 하니, 혜해 선사가 말하기를 "성품을 보지 못했을 뿐이요, 성품이 없는 것은 아니다." 했는데

대원이라면 "악! 여기에 어찌 얻고 얻지 못함이 서겠는가?" 하리라.

홍주(洪州) 늑담(泐潭) 법회(法會) 선사

법회 선사가 마조(馬祖)에게 물었다.

“어떤 것이 조사께서 서쪽에서 오신 뜻입니까?”

“소리를 낮추고 가까이 오라.”

대사가 곧 앞으로 가까이 가니, 마조가 한 대 치면서 말하였다.

“귀가 여섯이어서 도모한 대로 안 되는구나. 내일 오라.”

대사가 이튿날 여전히 법당에 들어가 말하였다.

“청컨대 화상께서 말씀해 주십시오.”

마조가 말하였다.

“일단 가서 내가 법좌에 오르기를 기다렸다가 나오라. 그대에게 증명해 주리라.”

이에 대사가 깨닫고 말하였다.

“대중들께서 증명해 주셔서 감사합니다.”

그리고는 법당을 한 번 돌고 물러갔다.

洪州泐潭法會禪師問馬祖。如何是西來祖師意。祖曰。低聲近前來。師便近前。祖打一摑云。六耳不同謀。來日來。師至來日猶入法堂云。請和尚道。祖云。且去。待老漢上堂時出來。與汝證明。師乃悟云。謝大衆證明。乃繞法堂一匝便去。

토끼뿔

마조께 조사서래의를 물었다가 한 방망이 맞고, 내일 오라기에 다시 가서 말씀해 주시기를 청하니, 마조께서 "일단 가서 내가 법좌에 오르기를 기다렸다가 나오라. 그대에게 증명해 주리라." 했을 뿐인데,

이 말끝에 깨달았으니 여러분은 어느 단어 어느 말에 깨달았다 하겠는가?

또는 그 밖의 어떤 도리에 의해 깨달았다 하겠는가? 말해 봐라.

만약 분명하게 가려내면 법을 보는 눈이 밝다 허락 하리라.

지주(池州) 삼산(杉山) 지견(智堅) 선사

지견 선사가 처음에 귀종(歸宗), 남전(南泉)과 함께 행각을 하다가 길에서 범을 만나 제각기 범 곁을 지나갔다.

남전이 귀종에게 물었다.

"아까 본 호랑이가 무엇 같던가요?"

귀종이 말하였다.

"마치 고양이 같더군요."

그리고는 귀종이 다시 대사에게 물으니 대사가 대답하였다.

"마치 개 같더군요."

귀종이 또 남전에게 물으니 남전이 대답하였다.

"나는 범을 봤습니다."

池州杉山智堅禪師。初與歸宗南泉行脚時。路逢一虎。各從虎邊過了。南泉問歸宗云。適來見虎似箇什麼。宗云。似箇猫兒。宗却問師。師云似箇狗子。宗又問南泉。泉云。我見是箇大蟲。

대사가 밥을 먹을 때에 남전이 생반(生飯)[27]을 거두면서 "났소〔生〕." 라고 말하니, 대사가 말하였다.

"남〔生〕이 없소."

남전이 말하였다.

"남이 없다 하여도 지엽적(枝葉的)이다."

그리고 남전이 몇 걸음 걸어가니, 대사가 불렀다.

"장로, 장로."

남전이 고개를 돌리면서 대답하였다.

"왜 그러시오?"

대사가 말하였다.

"지엽적이라고 하지도 말아야 하오."

어느 날 울력〔普請〕[28]으로 고사리나물을 다듬다가 남전이 한 가닥을 집어 들고 말하였다.

"이거 매우 좋은 공양거리로구나."

師喫飯次。南泉收生飯云生。師云無生。南泉云。無生猶是末。南泉行數步。師召云。長老長老。南泉迴頭云怎麼。師云。莫道是末。一日普請擇蕨菜。南泉拈起一莖云。這箇大好供養。

---

27) 생반(生飯) : 밥을 먹기 전에 아귀, 또는 새와 들짐승 따위에게 주기 위하여 조금씩 떠 내는 밥.

28) 보청(普請) : 원문의 보청(普請)은 널리 대중(大衆)에게 함께 일할 것을 청한다는 뜻이다.

대사가 말하였다.

"그것뿐 아니라 백미의 진수성찬도 그는 또한 돌아보지도 않습니다."

남전이 말하였다.

"비록 이와 같다 해도 하나하나 맛을 보아야 합니다."[29]

어떤 승려가 물었다.

"어떤 것이 본래의 몸입니까?"

대사가 대답하였다.

"온 세상의 것을 다 들어서 말해도 비슷한 것이 없다."

師云。非但這箇百味珍羞他亦不顧。南泉云。雖然如此箇箇須嘗他始得(玄覺云。是相見語。不是相見語)。僧問。如何是本來身。師云。擧世無相似。

29) 현각(玄覺)이 말하기를 "이것이 서로 본 말〔見語〕인가, 서로 보지 못한 말인가?" 하였다. (원주)

토끼뿔

현각 선사가 말하기를 "이것이 서로 본 말〔見語〕인가, 보지 못한 말인가?" 한 것에 대해

대원은 "한 골패에 양면이나 역시 남전일세." 하리라.

홍주(洪州) 늑담(泐潭) 유건(惟建) 선사

유건 선사가 어느 날 마조의 법당 뒤에서 좌선을 하고 있었다. 마조가 보고 대사의 귀를 불었는데, 두 번 불자 대사가 선정에서 깨어났다가 화상을 보고는 다시 선정에 들었다.

마조가 방장실로 돌아가서 시자에게 차 한 잔을 주어 대사에게 보냈는데, 대사는 돌아보지도 않고 곧 자신의 방으로 돌아갔다.

洪州泐潭惟建禪師。一日在馬祖法堂後坐禪。祖見乃吹師耳。兩吹師起定。見是和尚却復入定。祖歸方丈。令侍者持一椀茶與師。師不顧。便自歸堂。

 토끼뿔

마조가 방장실로 돌아가서 시자에게 차 한 잔을 주어 대사에게 보냈을 때, 대사는 돌아보지도 않고 곧 자신의 방으로 돌아갔는데,

당시에 대원이라면 "이러-함도 없지 않다. 아뢰라." 하고, 차를 들었을 것이다.

예주(澧州) 명계(茗谿) 도행(道行) 선사

도행 선사[30]가 어느 날 말하였다.

"나에게 큰 병이 있는데 세상에서 고칠 수 없다."

나중에 어떤 승려가 윗대 조산〔先曹山〕에게 물었다.

"옛 분이 말씀하시기를 '나에게 큰 병이 있는데 세상에서 고칠 수 없다.'라고 하셨다는데, 무슨 병을 말씀하시는지 모르겠습니다."

조산이 말하였다.

"화살촉을 도려내면 병이랄 것마저도 얻음이 없을 것이다."

승려가 물었다.

"일체 중생들에게도 이 병이 있습니까, 없습니까?"

조산이 말하였다.

"사람마다 다 있느니라."

"사람마다 다 있다면 화상도 이 병이 있습니까, 없습니까?"

澧州茗谿道行禪師。師有時云。吾有大病非世所醫。後有僧問先曹山。承古人有言。吾有大病非世所醫。未審喚作什麼病。曹云。攢簇不得底病。云一切衆生還有此病也無。曹云。人人盡有。云人人盡有。和尚還有此病也無。

30) 도행 선사(741 - 835).

조산이 말하였다.
"바로 일어난 곳을 찾지만 찾을 수가 없다."
승려가 말하였다.
"일체 중생이 어찌하여야 병이 없겠습니까?"
"중생들을 병자라고 하지만 곧 중생도 아니니라."
"모든 부처님도 이 병이 있는지 없는지 모르겠습니다."
"있다."
승려가 말하였다.
"이미 있다면 어찌하여 병을 앓지 않습니까?"
조산이 말하였다.
"그가 항상 깨어 있기 때문이니라."

어떤 승려가 물었다.
"어떻게 수행해야 합니까?"
대사가 말하였다.
"이 어진 대사야, 객이 되지 말라."

曹云。正覓起處不得。云一切眾生為什麼不病。曹云。眾生若病即非眾生。云未審諸佛還有此病也無。曹云有。云既有。為什麼不病。曹云。為伊惺惺。僧問。如何修行。師云。好箇阿師莫客作。

승려가 말하였다.

“끝내 어떻게 해야 합니까?”

대사가 말하였다.

“안치시키려고 하면 곧 감당할 수 없느니라.”

또 승려가 물었다.

“어떤 것이 올바른 수행의 길입니까?”

“열반 뒤에 있다.”

“어떤 것이 열반 뒤에 있는 것입니까?”

“세수할 것이 없느니라.”

“학인이 알지 못하겠습니다.”

대사가 말하였다.

“세수할 얼굴조차 없느니라.”

僧云。畢竟如何。師云。安置即不堪。又僧問。如何是正修行路。師云。涅槃後有。僧云。如何是涅槃後有。師云。不洗面。僧云。學人不會。師云。無面得洗。

ᘛ "일체 중생이 어찌하여야 병이 없겠습니까?" 하니 "중생들을 병자라고 하지만 곧 중생도 아니니라." 했는데

대원이라면 "불 끝은 위를 향하고 개울물 끝은 아래로 향한다." 하리라.

ᘛ 또 "어떻게 수행해야 합니까?" 하니 "이 어진 대사야, 객이 되지 말라." 했는데

대원이라면 "철저히 밑이 없고 철저히 위도 없다." 하리라.

무주(撫州) 석공(石鞏) 혜장(慧藏) 선사

혜장 선사는 본래 사냥으로 업을 삼았는데 사문(沙門)을 몹시 미워하였다. 하루는 사슴 떼를 쫓다가 마조의 암자 앞을 지나게 되었다.

마조가 앞을 막으니 사냥꾼 혜장이 물었다.

"화상께서는 사슴이 지나가는 것을 보셨습니까?"

마조가 말하였다.

"그대는 무엇 하는 사람인가?"

"사냥꾼입니다."

"활을 쏠 줄 아는가?"

"쏠 줄 압니다."

"그대는 화살 하나로 몇 마리나 잡는가?"

"화살 하나로 하나씩 쏩니다."

"그대는 활을 쏠 줄 모르는구나."

撫州石鞏慧藏禪師。本以弋獵為務。惡見沙門。因逐群鹿從馬祖庵前過。祖乃逆之。藏問。和尚見鹿過否。祖曰。汝是何人。曰獵者。祖曰。汝解射否。曰解射。祖曰。汝一箭射幾箇。曰一箭射一箇。祖曰。汝不解射。

"화상께서는 활을 쏠 줄 아십니까?"

"쏠 줄 안다."

"화상께서는 화살 하나로 몇 마리나 쏘십니까?"

"화살 하나로 한 무리를 쏜다."

"피차가 이러-한 목숨인데 무엇 하러 한 무리를 쏘겠습니까?"

"그대가 이미 그렇게 안다면 어찌 스스로를 쏘지는 못하는가?"

"저를 보고 스스로 쏘라 하시나 손 내릴 곳도 없습니다."

"이 친구가 오랜 겁에 쌓였던 무명과 번뇌를 오늘 단박에 쉬었구나."

혜장이 즉시에 활과 화살을 부숴버렸으며 스스로 칼로 머리카락을 자르고 마조에게 출가하였다.

하루는 부엌에서 일을 하는데 마조가 물었다.

"무엇을 하는가?"

"소를 먹입니다."

曰和尚解射否。祖曰。解射。曰和尚一箭射幾箇。祖曰。一箭射一群。曰彼此是命。何用射他一群。祖曰。汝既知如是。何不自射。曰若教某甲自射。即無下手處。祖曰。這漢曠劫無明煩惱今日頓息。藏當時毀棄弓箭。自以刀截髮投祖出家。一日在厨中作務次。祖問曰。作什麼曰。牧牛。

마조가 물었다.
"소를 어떻게 먹이는가?"
"풀밭으로 한번 들어가면 얼른 코뚜레를 당깁니다."
"그대가 참으로 소를 기르는구나."
대사가 그만 두었다.
대사는 주지가 된 후에도 항상 활과 화살을 가지고 학자를 제접하였다.

대사가 서당(西堂)에게 물었다.
"그대는 여전히 허공을 붙잡을 수 있는가?"
서당이 대답하였다.
"잡을 수 있습니다."
"어떻게 잡는가?"
서당이 손으로 허공을 더듬으니 대사가 물었다.
"그렇게 해서야 어떻게 허공을 잡겠는가?"

祖曰。作麼生牧。曰一迴入草去便把鼻孔拽來。祖曰。子真牧牛。師便休。師住後常以弓箭接機(如三平和尚章述之)[31]。師問西堂。汝還解捉得虛空麼。西堂云。捉得。師云。作麼生捉。堂以手撮虛空。師云。作麼生恁麼捉虛空。

31) 삼평 화상 장에 기술되어 있다. (원주)

서당이 도리어 물었다.

"사형은 어떻게 잡으시렵니까?"

대사가 서당의 코를 잡아당기니, 서당이 아파하는 소리를 내면서 말하였다.

"그렇게 세게 사람의 콧구멍을 당기니 떨어지겠소."

대사가 말하였다.

"반드시 이렇게 허공을 잡아야 된다."

여러 승려가 뵈러 왔을 때에 대사가 말하였다.

"방금 왔던 것이 어디로 갔는가?"

어떤 승려가 대답하였다.

"있습니다."

대사가 말하였다.

"어디에 있는가?"

그 승려가 손가락을 한 번 튕겼다.

堂却問。師兄作麼生捉。師把西堂鼻孔拽。西堂作忍痛聲。云大殺拽人鼻孔直得脫去。師云。直須恁麼捉虛空始得。衆僧參次。師云。適來底什麼處去也。有僧云在。師云。在什麼處。其僧彈指一聲。

어떤 승려가 이르러 절을 하니, 대사가 말하였다.

"그것을 가지고 왔는가?"

그 승려가 대답하였다.

"가지고 왔습니다."

"어디에 있는가?"

그 승려가 손가락을 세 번 튕기고 물었다.

"어찌해야 생사를 면하겠습니까?"

대사가 말하였다.

"면해서 무엇 하려는가?"

"어떻게 해야 면하겠습니까?"

"이것은 생사가 없다."

僧到禮拜。師云。還將那箇來否。僧云。將得來。師云。在什麼處。僧彈指三聲。問如何免得生死。師云。用免作什麼。僧云。如何免得。師云。這底不生死。

 토끼뿔

승려가 손가락을 세 번 튕기고 묻기를 "어찌해야 생사를 면하겠습니까?" 했을 때

대원은 "세 번 튕긴 데에도 그런 것이 있더냐?" 하리라.

당주(唐州) 자옥산(紫玉山) 도통(道通) 선사

도통 선사는 여강(廬江) 사람으로 성은 하(何)씨이다. 어릴 때에 아버지가 관직생활을 하던 천주의 남안현에 따라가 살다가 출가하였다.

당(唐)의 천보(天寶) 초에 마조가 건양에서 교화를 펴면서 불적암(佛迹岩)에 살 때 대사가 찾아가서 뵈었고, 얼마 지나지 않아 남강(南康)의 홍공산(龔公山)으로 옮기니 대사도 또한 따라갔다.

정원(貞元) 4년 2월 초에 마조가 열반에 들려 할 때에 대사에게 말하였다.

"무릇 옥석(玉石)이 윤택하고 산이 수려하면 그대의 도업에 유익할 것이니 만나거든 거기에 살아라."

그러나 대사는 그 말을 이해하지 못하였다.

唐州紫玉山道通禪師者。廬江人也。姓何氏。幼隨父守官泉州南安縣。因而出家。唐天寶初馬祖闡化建陽居佛迹巖師往謁之。尋遷於南康龔公山。師亦隨之。貞元四年二月初馬祖將歸寂。謂師曰。夫玉石潤山秀麗益汝道業遇可居之。師不曉其言。

그해 가을에 복우산의 자재(自在) 선사와 함께 낙양(洛陽)에 갔다가 다시 당주로 돌아와서 서쪽의 한 산을 보았는데, 사방이 깎아지른 듯하고 봉우리가 수려하며 특이하여 마을 사람에게 물어보니 자옥산이라 하였다. 대사가 산 정상에 올라가서 청결하고 밝은 자줏빛의 네모반듯한 돌을 보고 탄복하며 말하였다.

"이것이 자옥이구나!"

비로소 열반하신 스승께서 말씀하신 예언이 생각났다. 그리하여 띠풀을 베어서 초막을 지어 사니, 후에 배우는 무리들이 사방에서 모여들었다.

어떤 승려가 물었다.

"어찌해야 삼계를 벗어나겠습니까?"

대사가 말하였다.

"그대가 그 속에 얼마 동안 있었는가?"

"어떻게 벗어나겠습니까?"

是秋與伏牛山自在禪師同遊洛陽。迴至唐州西見一山。四面懸絕峯巒秀異。因詢鄉人。云是紫玉山。師乃陟山頂見有石方正瑩然紫色。歎曰。此其紫玉也。始念先師之言乃懸記耳。遂剪茅構舍而居焉。後學徒四集。僧問。如何出得三界。師云。汝在裏許得多少時也。僧云。如何出離。

대사가 말하였다.

"청산은 백운이 날아가는 것에 걸림이 없다."

우적(于頔) 상공(相公)이 물었다.

"어떤 것이 심한 바람이 불어 선박을 떠돌게 하여 나찰[32]의 나라에 떨어지게 하는 것입니까?"

"객이 된 우적이여, 그런 일은 물어서 무엇 하리오."

우적이 깜짝 놀라니, 대사가 가리키면서 말하였다.

"이것이 바로 나찰 귀신의 나라에 떨어진 것이로다."

우적이 다시 물었다.

"어떤 것이 부처입니까?"

대사가 우적을 불러 우적이 대답을 하자, 대사가 말하였다.

"더 이상 다른 것을 구하지 말라."[33]

師云。青山不礙白雲飛。于頔相公問。如何是黑風吹其船舫漂墮羅刹鬼國。師云。于頔客作漢。問恁麼事怎麼。于公失色。師乃指云。這箇是漂墮羅刹鬼國。于又問。如何是佛。師喚于頔。頔應諾。師云。更莫別求(有僧舉似藥山。藥山云。縛殺遮漢也。僧云。和尚如何。藥山亦喚云某甲。僧應諾。藥山云是什麼)。

---

32) 나찰 : 사람을 잡아먹으며 지옥에서 죄인을 못 살게 한다는 귀신.

33) 어떤 승려가 약산(藥山)에게 이 일을 이야기하니 약산이 말하기를 "너무 심하게〔殺〕 묶인 놈이구나." 하였다. 물은 승려가 말하기를 "화상께서는 어찌하시겠습니까?" 하니 약산이 승려를 불렀다. 승려가 대답하자 "그것이 무엇인가?" 하였다. (원주)

원화(元和) 8년에 제자인 금장(金藏)이 백장 화상에게 참례하고 돌아와서 뵈니 대사가 말하였다.

"그대가 왔으니 이 산에도 주인이 있게 되었구나."

그리고는 금장에게 부촉하고 나서, 지팡이를 짚고 지름길로 양주에 가니 승속이 모두 환영하였다.

7월 15일이 되자 병 없이 열반하니, 수명은 83세였다.

元和八年弟子金藏參百丈迴禮覲。師云。汝其來矣。此山有主也。於是囑付金藏訖。策杖徑去襄州道俗迎之。至七月十五日無疾而終。壽八十有三。

토끼뿔

"어찌해야 삼계를 벗어나겠습니까?" 하니 "그대가 그 속에 얼마 동안 있었는가?" 했는데

대원이라면 "장가계 석순 사이 안개의 멋스러운 춤이고, 안개 위로 솟구친 석순에 솔과 꽃 아름답다." 하리라.

강서(江西) 북란(北蘭) 양(讓) 선사

양(讓) 선사에게 호당(湖塘)의 양 장로(亮長老)가 물었다.

"듣건대 사형께서 열반하신 스승님의 진영을 그리셨다던데 잠시 뵙게 해주십시오."

대사가 양손으로 가슴을 헤치고 드러내 보이자, 양 장로가 절을 하니 대사가 말하였다.

"절하지 말라. 절하지 말라."

양 장로가 말하였다.

"사형님, 잘못 아셨습니다. 저는 사형께 절하는 것이 아닙니다."

대사가 말하였다.

"그대는 열반하신 스승님의 진영에 절하는 것이다."

"그런데 어째서 저더러 절하지 말라 하십니까?"

"언제 잘못된 적이 있는가?"

江西北蘭讓禪師。湖塘亮長老問。伏承師兄畫得先師真。暫請瞻禮。師以兩手撥胸開示之。亮便禮拜。師云。莫禮莫禮。亮云。師兄錯也。某甲不禮師兄。師云。汝禮先師真。亮云。因什麼教某甲莫禮。師云。何曾錯。

토끼뿔

선사의 진영을 잠시 뵙게 해주라 하니 가슴을 헤쳐 드러내 보인 것에 대해

대원은 그도 좋으나 "잘 보게나."라고만 했을 것이다.

낙경(洛京) 불광(佛光) 여만(如滿) 선사

여만 선사[34]에게 당의 순종이 물었다.

"부처님은 어디에서 오셨으며 열반해서는 어디로 가셨소? 항상 세상에 머무르신다고 하는데 부처님은 지금 어디에 계시오?"

대사가 말하였다.

"부처는 무위(無爲)에서 와서 무위로 돌아갑니다. 법신은 허공과 같아서 항상 무심처(無心處)에 있습니다. 유념(有念)은 무념(無念)으로 돌아가고 머무름은 머무름 없음으로 돌아갑니다. 올 때에도 중생을 위하여 왔고, 갈 때에도 중생을 위해서 갈 뿐입니다. 청정한 진여의 바다는 항상 본체에 머물러 가없이 이러-한 것이니, 지혜로운 이는 잘 사유하여 다시는 의심하지 말아야 합니다."

황제가 또 물었다.

洛京佛光如滿禪師(曾住五臺山金閣寺)。唐順宗問。佛從何方來滅向何方去。既言常住世。佛今在何處。師答曰。佛從無為來。滅向無為去。法身等虛空。常在無心處。有念歸無念。有住歸無住。來為眾生來。去為眾生去。清淨真如海。湛然體常住。智者善思惟。更勿生疑慮。帝又問。

34) 과거에 오대산 금각사에 살았다. (원주)

“부처님은 왕궁에 태어나셔서 쌍림(雙林)에서 열반에 드셨고, 세상에는 49년을 머무셨으나 또 법을 설한 바 없다고 말씀하셨소. 산하와 대해와 천지와 일월도 때가 되면 모두가 사라지거늘 어느 것이 생멸치 않는다 하리오. 의심이 여전히 이와 같으니 지혜로운 이여, 잘 분별해 주시오.”

대사가 대답하였다.

“부처의 본체는 본래 무위이거늘 미혹한 생각으로 망령되게 분별하겠습니까? 법신은 허공과 같아서 생멸한 적이 없습니다. 인연이 있으면 부처는 세상에 나타나고, 인연이 없으면 부처는 열반에 드니 곳곳에서 중생을 교화하는 것이 마치 물속의 달과 같습니다.

항상하지도 않고 아주 없어지는 것도 아니며, 나지도 않고 멸하지도 않으니, 나도 나는 것이 아니요, 멸해도 멸하는 것이 아닙니다. 분명하게 무심처를 보면 자연히 법을 설한 적도 없는 것입니다.”

황제가 이 말을 듣고 매우 기뻐하여 선종(禪宗)을 더욱 소중히 여겼다.

佛向王宮生。滅向雙林滅。住世四十九。又言無法說。山河及大海。天地及日月。時至皆歸盡。誰言不生滅。疑情猶若斯。智者善分別。師答曰。佛體本無為。迷情妄分別。法身等虛空。未曾有生滅。有緣佛出世。無緣佛入滅。處處化眾生。猶如水中月。非常亦非斷。非生亦非滅。生亦未曾生。滅亦未曾滅。了見無心處。自然無法說。帝聞大悅益重禪宗。

토끼뿔

어떤 이가 "부처님은 어디에서 오셨으며 열반해서는 어디로 가셨소? 항상 세상에 머무르신다고 하는데 부처님은 지금 어디에 계시오?"라고 묻는다면 이르리라.

(주장자를 세우고)
"여기에서 오셨다, 여기로 가셔 항상 이러-하십니다."

원주(袁州) 남원(南源) 도명(道明) 선사

도명 선사가 법상에 올라 말하였다.

"민첩한 말은 한 번의 채찍이면 되고, 영리한 사람은 한 마디 말이면 된다. 일이 있다면 어찌 나오지 않는가? 일이 없거든 각자 편히 있어라."

그리고는 법상에서 내려왔다.

어떤 승려가 물었다.

"한마디라는 것이 어떤 것입니까?"

대사가 토하고 삼키는 시늉을 하고 나서 말하였다.

"나에게 광장설상(廣長舌相)[35]이 있기를 기다려라. 그때 너를 향해 말해주마."

동산(洞山)이 뵈러 와서 법당으로 들어오려는데 대사가 말하였다.

"이미 서로 만났다."

袁州南源道明禪師上堂云。快馬一鞭快人一言。有事何不出頭來。無事各自珍重。便下堂。有僧問。一言作麼生。師乃吐呑云。待我有廣長舌相。即向汝道。洞山來參方上法堂。師云。已相看了也。

---

35) 광장설상(廣長舌相) : 부처님의 32상호의 하나. 넓고 긴 부처님의 혀로 얼굴 전체를 덮는다고 한다.

동산이 곧 내려갔다가 이튿날 다시 법당에 올라와서 물었다.

"어제는 화상의 자비를 입었습니다마는 어느 곳이 저와 더불어 이미 서로 만난 곳입니까?"

대사가 말하였다.

"마음과 마음이 끊임없이 법성의 바다로 흘러들어간다."

"자세히 살펴보아야 하는데 지나칠 뻔하였습니다."

동산이 하직을 하자 대사가 말하였다.

"불법을 많이 배워서 이로운 일을 많이 하라."

"불법을 많이 배운다는 것은 묻지 않겠으니 어떤 것이 이로운 일을 많이 하는 것입니까?"

"한 물건을 어기지 않는 것이 바로 그것이다."

어떤 승려가 물었다.

"어떤 것이 부처입니까?"

"그대가 말할 수 없는 바로 그것이다."

洞山便下去。至明日却上問云。昨日已蒙和尚慈悲。什麼處是與。某甲已相看處。師云。心心無間斷。流入於性海。洞山云。幾放過。洞山辭去。師云。多學佛法廣作利益。洞山云。多學佛法即不問。如何是廣作利益。師云。一物莫違即是。僧問。如何是佛。師云。不可道你是也。

토끼뿔

어떤 이가 "어떤 것이 부처입니까?" 라고 묻는다면

대원은 "그대가 말하는 그것에 밝아 의심 없는 것이다." 하고

또 "어떻게 해야 그것에 밝아 의심 없겠습니까?" 한다면

대원은 "방석도 누설했다." 하리라.

흔주(忻州) 역촌(酈村) 자만(自滿) 선사

자만 선사가 법상에 올라 말하였다.

"예나 이제나 다름없이 법은 이와 같이 그러하다. 다시 되풀이한들 무엇 하랴. 비록 이러하나 이낱[36] 일에 대하여 많은 사람들이 어찌할 바를 모른다."

이때에 어떤 승려가 물었다.

"옛과 이제에 떨어지지 않는 것을 청컨대 대사께서 곧바로 말씀해 주십시오."

대사가 말하였다.

"정으로 알려고 하면 그대는 알 수 없을 것이다."

그 승려가 다시 말을 하려 하니 대사가 말하였다.

"내가 옛과 이제에 떨어졌다고 여기는가?"

"어찌해야 되겠습니까?"

忻州酈村自滿禪師上堂云。古今不異法爾如然。更復何也。雖然如此。遮箇事大有人罔措在。時有僧問。不落古今請師直道。師云。情知汝罔措。僧欲進語。師云。將謂老僧落伊古今。僧云。如何即是。

---

36) 이낱 : 선문(禪門)에서 본자성(本自性)을 가리키는 말.

대사가 말하였다.

"물고기가 은하수까지 뛰어 오른다 해도 계급에서 뛰어넘기는 어려우니라."

승려가 물었다.

"어찌해야 그런 허물을 면합니까?"

대사가 말하였다.

"만약 용의 형상이라면 누가 높고 낮음을 논하겠는가?"

그 승려가 절을 하니, 대사가 말하였다.

"괴롭구나! 억울하구나! 누가 나와 같을꼬."

대사가 하루는 대중에게 말하였다.

"낮은 밝고 밤은 어둡다는 것 말고 더 이상 무엇을 말해야 되겠는가? 안녕."

그때에 어떤 승려가 물었다.

"어떤 것이 다툼 없는 구절입니까?"

"하늘은 시끄럽고 땅은 진동하는구나."

師云。魚騰碧漢階級難飛。僧云。如何即得免茲過咎。師云。若是龍形誰論高下。其僧禮拜。師云。苦哉屈哉誰人似我。師一日謂衆曰。除却日明夜暗更說什麼。即得珍重。時有僧問。如何是無諍之句。師云。喧天動地。

토끼뿔

어떤 이가 묻기를
"옛과 이제에 떨어지지 않는 것을 청컨대 대사께서 곧바로 말씀해 주십시오." 하면 이르리라.

잘 보고 잘 들었는가?

낭주(朗州) 중읍(中邑) 홍은(洪恩) 선사

홍은 선사에게 앙산(仰山)이 처음으로 계를 받고 사계(謝戒)[37]의 예를 드리러 왔는데, 대사가 그가 오는 것을 보고 선상(禪床) 위에서 박수를 치며 허허 웃었다. 앙산이 동쪽 편에 섰다가 다시 서쪽 편에 서고, 또 중앙으로 옮겨 섰다. 그런 뒤에야 사계의 예를 드리고 물러나 서 있었다.

대사가 말하였다.

"어디서 이 삼매를 얻었는가?"

앙산이 대답하였다.

"조계(曹谿)의 인가마저 초월한 데서 배웠습니다."

"그대가 말해 봐라. 육조 대사는 이 삼매를 써서 어떤 사람을 제접하였는가?"

朗州中邑洪恩禪師。仰山初領新戒到謝戒。師見來於禪床上拍手云。和和。仰山即東邊立。又西邊立。又於中心立。然後謝戒了却退後立。師云。什麼處得此三昧。仰云。於曹谿脫印子學來。師云。汝道曹谿用此三昧接什麼人。

---

37) 사계(謝戒) : 계를 받고 은사에게 드리는 인사 의식.

앙산이 대답하였다.

"일숙각(一宿覺)을 제접할 때에 이 삼매를 썼습니다."

그리고는 앙산이 도리어 물었다.

"화상께서는 어디서 이 삼매를 얻으셨습니까?"

"나는 마조 대사의 처소에서 이 삼매를 배웠다."

"어떤 것이 성품을 보는 것입니까?"

"비유컨대 어떤 집에 창문이 여섯 개 있고, 그 안에는 원숭이 하나가 있는데 동쪽에서 '산산(山山)[38]아!'라고 부르면 산산이 똑같이 응하듯 여섯 창문의 어디서나 부르면 어디로든 응하는 것과 같다."

앙산이 절하고 일어나서 말하였다.

"화상의 비유를 들으니, 다 알겠으나 오직 한 가지 일이 있습니다. 만일 안의 원숭이가 피곤하여 잠이 들었는데 밖의 원숭이가 만나고자 하면 어찌해야 합니까?"

仰云。接一宿覺用此三昧。仰云。和尚什麼處得此三昧來。師云。某甲於馬大師處學此三昧。問如何得見性。師云。譬如有屋。屋有六窓。內有一獼猴。東邊喚山山。山山應如是。六窓俱喚俱應。仰山禮謝起云。所蒙和尚譬喻無不了知。更有一事。只如內獼猴困睡。外獼猴欲與相見如何。

---

38) 산산(山山) : 개에게 '멍멍이'라고 부르듯이 원숭이를 부르는 이름이다. 원래는 성성(猩猩)인데 산산(山山)이라고도 한다.

대사가 승상에서 내려와 앙산의 손을 잡고 춤을 추면서 말하였다.

"산과 산처럼 너와 서로 보아 마쳤느니라. 비유하자면 마치 초명(蟭螟)벌레[39]가 모기의 눈 위에다 집을 짓고 살면서 사거리를 향하여 '땅은 넓은데 사람은 드무니 서로 만나는 자 적구나.' 라고 소리를 지르는 것과 같다."[40]

師下繩床執仰山手。作舞云。山山與汝相見了。譬如蟭螟蟲。在蚊子眼睫上作窠。向十字街頭叫喚云。土曠人稀相逢者少(雲居錫云。中邑當時若不得仰山這一句語。何處有中邑也。崇壽稠云。還有人定得此道理麼。若定不得。只是箇弄精魂脚手。佛性義在什麼處。玄覺云。若不是仰山。爭得見中邑。且道。什麼處是仰山得見中邑處)。

39) 초명(蟭螟)벌레 : 모기 눈썹에 집을 짓고 산다는 작은 벌레.

40) 운거석(雲居錫)이 말하기를 "중읍(中邑)이 그때에 만약 앙산(仰山)의 그 한마디를 만나지 못했다면 어디에 중읍이 있으리오." 하였다.
숭수조(崇壽稠)가 말하기를 "어떤 사람이 이 도리를 결정지을 수 있겠는가? 만일 결정을 지을 수 없다면 이는 한갖 귀신이 손발을 놀리는 것과 같으니 불성의 이치가 어디에 있으랴." 하였다.
현각(玄覺)이 말하기를 "만일에 앙산이 아니었다면 어찌 중읍을 알아볼 수 있었으랴. 말해 봐라. 어디가 앙산이 중읍을 볼 수 있었던 곳인가?" 하였다. (원주)

"만일 안의 원숭이가 피곤하여 잠이 들었는데 밖의 원숭이가 만나고자 하면 어찌해야 합니까?" 하면

대원은 다만 앙산과 손을 잡고 산놀이를 했을 것이다.

홍주(洪州) 백장산(百丈山) 회해(懷海) 선사

회해 선사[41]는 복주(福州)의 장락현(長樂縣) 사람으로 어릴 때에 속세를 떠나 삼학(三學)을 두루 연마하였다.

때마침 대적〔馬祖〕이 남강(南康)에서 교화하고 있었는데 마음을 기울여 의지하였다. 서당 지장(西堂智藏)과 남전 보원(南泉普願)이 함께 입실 제자로 불렸는데, 당시에 이 세 대사가 유달리 뛰어났다.

어느 날 저녁에 세 대사가 마조를 모시고 달구경을 하는데 마조가 말하였다.

"바로 이럴 때 어떠한가?"

서당이 말하였다.

"바로 공양하기 좋습니다."

洪州百丈山懷海禪師者。福州長樂人也。丱歲離塵三學該練。屬大寂闡化南康乃傾心依附。與西堂智藏南泉普願[42]同號入室。時三[43]大士為角立焉。一夕三[44]士隨侍馬祖翫月次。祖曰。正恁麼時如何。西堂云。正好供養。

41) 회해 선사(720 ~814).

42) 西堂智藏南泉普願이 송, 원나라본에는 西堂智藏禪師로 되어 있다.

43) 三이 송, 원나라본에는 二로 되어 있다.

44) 三이 송, 원나라본에는 二로 되어 있다.

대사가 말하였다.

"바로 수행하기 좋습니다."

남전은 소매를 떨치고 가버렸다.

마조가 말하였다.

"경은 서당에게로 들어가고 선은 회해에게로 돌아갔는데 오직 보원〔남전〕만이 홀로 만물 밖에 뛰어났구나."

마조가 법당에 오르니 대중이 많이 모였다. 법상에 올라 말없이 보이자, 대사가 면전의 절하는 방석을 둘둘 말아 걷어버리니, 마조는 그대로 법상에서 내려왔다.

대사가 다시 마조의 조실방에 가서 뵈니, 마조는 대사가 오는 것을 보고 법상 모서리에서 불자를 집어서 세웠다.

대사가 말하였다.

"이에 즉해서 쓰리까, 이를 여의어서 쓰리까?"

師云。正好修行。南泉拂袖便去[45]。祖云。經入藏。禪歸海。唯有普願獨超物外[46]。馬祖上堂大眾雲集。方陞座良久。師乃卷却面前禮拜席。祖便下堂。師再參馬祖。祖見師來。取禪床角頭拂子竪起。師云。卽此用。離此用。

45) 南泉拂袖便去가 송, 원나라본에는 없다.

46) 唯有普願獨超物外가 송, 원나라본에는 없다.

마조가 불자를 본래의 자리에다 걸었다. 대사가 말없이 보이니, 마조가 물었다.

“그대는 이후에 입을 열면 어떻게 사람을 위할 것인가?”

대사가 얼른 불자를 일으켜 세우니, 마조가 물었다.

“이에 즉해서 쓰느냐, 이를 여의어서 쓰느냐?”

대사가 불자를 본래의 자리에다 걸었다. 마조가 문득 할을 하니 대사는 3일 동안 귀가 먹었다.

이로부터 명성이 퍼져서 단월(檀越)들이 홍주의 신오계(新吳界)로 청해서 대웅산(大雄山)에 머무르게 하였으니, 그의 거처가 있는 험악한 산봉우리를 백장산(百丈山)이라 불렀다.

거기에 있기 시작한 지 한 달이 채 못 되어서 현묘한 진리를 참구하려는 사람들이 사방에서 모여드니, 위산과 황벽이 그들의 우두머리였다.

祖掛拂子於舊處。師良久。祖云。汝已後開兩片皮將何爲人。師遂取拂子豎起。祖云。卽此用。離此用。師掛拂子於舊處。祖便喝師直得三日耳聾[47]。自此雷音將震[48]。檀信請於洪州新吳界住大雄山。以居處巖巒峻極故。號之百丈。既處之未期月。參玄之賓四方麐至。即有潙山黃蘗當其首。

---

47) 師再參馬祖부터 祖便喝師直得三日耳聾까지의 여든 한자는 송나라본에는 師一日詣馬祖。法堂於禪牀角取拂子示之。師云。只遮個更別有。祖乃放舊處云。你已後將什麼何為人。師却取拂子示之。祖云。只遮個更別有。師以拂子挂安舊處。方侍立。祖叱之로 되어 있다.

48) 송, 원나라본에는 震 아래에 果가 있다.

하루는 대사가 대중에게 말하였다.

"불법은 작은 일이 아니다. 내가 지난 날 마조 대사를 두 번째 뵈올 적에 마조 대사의 한 할을 듣고 그 자리에서 3일 동안 귀가 먹고 눈이 멀었느니라."

이때 황벽이 이 말을 듣고 자기도 모르는 사이에 혀를 내밀었다.

대사가 말하였다.

"그대는 이후 마조 대사의 법을 이었다 말라."

황벽이 말하였다.

"그러지 않습니다. 오늘 스승이 보이신 바로 인하여 마조의 큰 기틀 씀을 보았을 뿐이요, 그러므로 또한 마조로 해서 안 것도 아닙니다. 만일 마조의 법을 이었다 하면 뒷날 나의 자손을 상하게 하기 때문입니다."

"그대는 스승을 능가한 지음이 있구나."

一日師謂衆曰。佛法不是小事。老僧昔再參馬祖被[49]大師一喝。直得三日耳聾眼暗。時[50]黃蘗聞擧不覺吐舌。師曰。子已後莫承嗣馬祖去。蘗云。不然。今日因師擧得見馬祖大機之用。然且不識馬祖。若嗣馬祖。已後喪我兒孫。子甚有超師之作[51]。

49) 再參馬祖被는 송, 원나라본에는 再蒙馬로 되어 있다.

50)'暗。時'가 송, 원나라본에는 '黑。'으로 되어 있다.

51) 師曰부터 子甚有超師之作까지의 일흔 석자는 송, 원나라본에는 曰某甲不識馬祖。要且不見馬祖。師云。汝已後當嗣馬祖。黃蘗云。某甲不嗣馬祖。曰作某生。曰已後喪我兒孫。師曰。如是如是로 되어 있다.

하루는 어떤 승려가 곡을 하면서 들어오니 대사가 물었다.

"왜 그러는가?"

"부모가 모두 죽었습니다. 청컨대 스님께서 장삿날을 잡아주십시오."

대사가 말하였다.

"내일 오라. 한꺼번에 묻어버리자."

대사가 법상에 올라 말하였다.

"목구멍과 입술을 모두 닫아버리고 빨리 말해 봐라."

위산이 말하였다.

"저는 이르지 못하겠으니 화상께서 일러주십시오."

대사가 말하였다.

"일러주기는 어렵지 않다마는 뒷날에 나의 후손들을 상하는 일이 되리라."

오봉(五峯)이 말하였다.

"화상께서도 또한 목구멍과 입술을 닫아 버려야 합니다."

一日有僧哭入法堂來。師曰。作麼。曰父母俱喪請師選日。師云。明日來一時埋却。師上堂云。併却咽喉脣吻速道將來。潙山云。某甲不道請和尚道。師云。不辭與汝道。久後喪我兒孫。五峯云。和尚亦須併却。

대사가 말하였다.

"아무도 없는 곳에서 이마에 손을 얹고 그대 오기를 기다렸노라."

운암(雲岩)이 말하였다.

"제가 이를 곳이 있으니 화상께서 다시 물어봐 주십시오."

대사가 말하였다.

"목구멍과 입술을 모두 닫아버리고 빨리 말해 봐라."

"대사께서 지금 있습니다."

"나의 후손을 상하리라."

대사가 대중에게 말하였다.

"내가 누구 한 사람을 서당에게 보내 말을 전해야겠는데 누가 가겠는가?"

오봉이 대답하였다.

"제가 가겠습니다."

"네가 어떻게 말을 전하겠는가?"

師云。無人處斫額望汝。雲巖云。某甲有道處請和尚擧。師云。併却咽喉脣吻速道將來。雲巖曰。師今有也。師曰。喪我兒孫。師謂衆曰。我要一人傳語西堂。阿誰去。五峯云。某甲去得。師云。汝作麼生傳語。

오봉이 말하였다.
“서당 스님을 만나는 즉시 말을 하겠습니다.”
“무엇이라 하겠느냐?”
“돌아와서 화상께 아뢰겠습니다.”

대사가 위산과 함께 일을 하게 되었는데 대사가 물었다.
“불이 있는가?”
위산이 대답하였다.
“있습니다.”
“어디에 있는가?”
위산이 나뭇가지 하나를 들어 두세 번 불고는 대사에게 건네주니 대사가 말하였다.
“벌레가 나무 먹는 것 같구나.”

어떤 승려가 물었다.
“어떤 것이 부처입니까?”

五峯云。待見西堂即道。師云。道什麼。五峯云。却來說似和尚。師與溈山作務次。師問。有火也無。溈山云有。師云。在什麼處。溈山把一枝木吹三兩氣過與師。師云。如蟲蝕木。問如何是佛。

대사가 말하였다.

“그대는 누구인가?”

승려가 대답하였다.

“저는 아무개입니다.”

“그대가 아무개를 아는가?”

“분명히 압니다.”

대사가 불자를 번쩍 들어 일으키고 말하였다.

“그대가 이것을 보는가?”

“봅니다.”

대사가 말이 없었다.

울력으로 땅을 파는데 홀연히 어떤 승려가 공양 때를 알리는 북소리를 듣고는 괭이자루를 들어 일으키고 껄껄 웃다가 돌아가 버리니, 대사가 말하였다.

“훌륭하구나. 이것이 관음보살이 진리의 문에 든 것이니라.”

대사가 사찰로 돌아와서 그 승려를 불러 놓고 물었다.

師云。汝是阿誰。僧云。某甲。師云。汝識某甲否。僧云。分明箇。師乃舉起拂子云。汝還見麼。僧云。見。師乃不語。因普請钁地次。忽有一僧。聞飯鼓鳴舉起钁頭大笑便歸。師云。俊哉。此是觀音入理之門。師歸院乃喚其僧問。

"아까 무슨 도리를 보았기에 그러하였는가?"
"아까 북소리가 나는 것을 들었기에 밥을 먹으러 왔을 뿐입니다."
대사가 웃었다.

어떤 승려가 물었다.
"경에 의지하여 이치를 푸는 것은 삼세 부처님들이 책망하는 바요, 한 글자라도 경을 여읜 것은 마귀의 말과 같다 하였으니, 어떠합니까?"
대사가 말하였다.
"움직임이나 고요함을 굳게 지키는 것은 삼세 부처님들이 책망하는 바요, 그 밖에 따로 구하면 마귀의 말과 같느니라."

어떤 승려가 서당에게 물었다.
"물음이 있으면 대답이 있고 물음이 없으면 대답이 없는 때가 어떠합니까?"

適來見什麼道理便恁麼。對云。適來只聞鼓聲動歸喫飯去來。師乃笑。問依經解義三世佛怨。離經一字。如同魔說如何。師云。固守動靜[52]三世佛怨。此外別求即同魔說。因僧問西堂云。有問有答不問不答時如何。

---

52) 靜이 송, 원나라본에는 用으로 되어 있다.

서당이 말하였다.

“썩는 짓을 해서 무엇 하랴.”

이 말을 듣고 대사가 말하였다.

“원래 그 노형(老兄)을 의심했었다.”

어떤 승려가 말하였다.

“청컨대 화상께서 말씀해 주십시오.”

대사가 말하였다.

“일합상(一合相)도 얻을 수 없느니라.”

대사가 대중에게 말하였다.

“어떤 한 사람은 장기간 밥을 먹지 않고도 시장하다는 말을 않고, 어떤 한 사람은 종일토록 밥을 먹으면서도 배부르다는 말을 않는다.”

대중이 아무도 대꾸하는 이가 없었다.

西堂云。怕爛却作麼。師聞舉乃云。從來疑這箇老兄。僧云。請和尚道。師云。一合相不可得。師謂眾云。有一人長不喫飯不道饑。有一人終日喫飯不道飽。眾皆無對。

운암이 물었다.

"화상은 매일같이 구구하게 누구를 위하십니까?"

대사가 말하였다.

"어떤 사람이 요구한다."

"어찌하여 그 스스로가 짓게 가르치지 않습니까?"

"그는 집 없이 사는 이니라."

어떤 승려가 물었다.

"어떤 것이 대승의 돈오법문(頓悟法門)입니까?"

대사가 말하였다.

"그대들이 먼저 모든 반연을 그치고 만 가지 일을 쉬어, 착하거나 착하지 않음, 세간과 세간 밖의 일체 모든 법을 기억하거나 반연한 생각을 하지 말라.

雲巖問。和尚每日驅驅為阿誰。師云。有一人要。巖云。因什麼不教伊自作。師云。他無家活。僧問。如何是大乘頓悟法門。師曰。汝等先歇諸緣休息萬事。善與不善世出世間。一切諸法。莫記憶莫緣念。

몸과 마음을 탁 놓아서 자유롭게 하고, 마음은 목석과 같이 아무런 분별이 없게 하여 마음이 행하는 바가 없어 마음의 바탕이 허공과 같이 되면, 지혜의 태양이 자연히 나타나는 것이 마치 구름이 흩어지면 태양이 드러나는 것 같으니라.

일체 반연과 탐욕, 성냄, 애욕을 모두 쉬고 더럽고 깨끗한 망정을 다하면, 오욕(五欲)[53]이나 팔풍(八風)[54]을 대하여도 보고 듣고 느끼고 아는 것에 묶이지 않고 모든 경계에 미혹되지 않아 자연히 신통묘용(神通妙用)이 구족 되리니, 이것이 해탈인이다.

일체 경계를 대하여도 마음에 고요함과 어지러움이 없어 마음을 거두지도 않고 흩어지지도 않아 일체 소리와 색을 대하여도 막힘과 걸림이 없으리니 이를 도인이라 한다.

放捨身心令其自在。心如木石無所辯別。心無所行心地若空。慧日自現如雲開日出相似。俱歇一切攀緣貪瞋愛取。垢淨情盡。對五欲八風。不被見聞覺知所縛。不被諸境所惑。自然具足神通妙用。是解脫人。對一切境心無靜亂。不攝不散。透一切聲色無有滯礙。名為道人。

53) 오욕(五欲) : 재물욕, 색욕, 식욕, 명예욕, 수면욕.

54) 팔풍(八風) : 이득과 손해, 비방과 칭찬, 추앙과 꾸짖음, 괴로움과 즐거움의 여덟 가지로 세간의 애증의 원인이 된다. 팔법(八法)이라고도 한다.

다만 일체 선악(善惡)과 더럽고 깨끗한 유위의 세간 복과 지혜에 얽매이지 않는 것을 부처의 지혜라 하니, 옳고 그름과 좋고 나쁨과 옳은 이치와 그른 이치 따위의 지견이 모두 다하여 얽매임을 입지 않아서 마음이 자유자재 하면, 본래의 마음을 발한 보살이라 하여 즉시 부처 지위에 오르게 된다.

일체 모든 법은 본래부터 스스로 공이라 하거나 스스로 색이라 하지도 않고, 옳다거나 그르다거나 깨끗하다거나 더럽다고도 하지 않는다. 또 사람을 얽어맬 마음도 없거늘 다만 사람들이 스스로 허망하게 계교하고 집착하여 갖가지 견해를 짓고, 갖가지 지견을 일으킬 뿐이다.

만일 더럽고 깨끗하다는 마음이 다하여 얽매임에 머무르지도 않고 해탈에도 머무르지 않으면 일체 유위와 무위의 분별이 없어진다.

但不被一切善惡垢淨有為世間福智拘繫。即名為佛慧。是非好醜是理非理諸知見總盡。不被繫縛處心自在。名初發心菩薩。便登佛地。一切諸法本不自空。不自言色。亦不言是非垢淨。亦無心繫縛人。但人自虛妄計著。作若干種解。起若干種知見。若垢淨心盡。不住繫縛不住解脫。無一切有為無為解。

평등한 마음으로 헤아리면 생사에 처해 있더라도 그 마음이 자재하여, 끝내 허망한 환과 같은 티끌인, 오온(五蘊)과 십팔계(十八界)[55]와 생사의 온갖 이끌림에 화합하지 않는다. 훤출하여〔逈然〕[56] 의지함이 없어져 온갖 것에 구애됨이 없고, 가고 옴에 장애가 없어서 생사의 길을 왕래하는 것이 마치 문을 여는 것 같으리라.

만약 갖가지 괴로움과 즐거움, 뜻에 맞지 않는 일을 만나더라도 물러나거나 굴하는 마음이 없어야 하며, 명예와 의식(衣食)을 생각하지 않아야 하고, 일체 공덕과 이익까지라도 탐내지 말아야 하며, 세간법에 끄달리지 말아야 한다.

平等心量。處於生死其心自在。畢竟不與虛幻塵勞蘊界生死諸入和合。逈然無寄一切不拘去留無礙。往來生死如門開相似。若遇種種苦樂不稱意事心無退屈。不念名聞衣食。不貪一切功德利益。不為世法之所滯。

---

55) 십팔계(十八界) : 육근(六根), 육경(六境), 육식(六識)을 합한 것.
육근(六根) : 눈, 귀, 코, 혀, 몸, 뜻.
육경(六境) : 빛, 소리, 향기, 맛, 닿음, 분별.
육식(六識) : 보고, 듣고, 냄새 맡고, 맛 보고, 감촉 하고, 분별하는 인식.

56) 형연(逈然) : 원문의 형연(逈然)은 차별이 큰 것을 형용하는 말이다. 현저히, 매우, 아주.

마음에 비록 직접 고락을 받더라도 속마음은 상관이 없고, 거친 음식으로 목숨을 연명하며 기운 의복으로 추위와 더위를 막으면서도 당당하고〔兀兀〕[57] 어리석은 듯하고 귀먹은 듯 하여야 약간 가까워지는 기미가 있으리라.

나고 죽는 일에 임해서 널리 배워서 알음알이로 알며 복과 지혜를 구하는 것은 이치에 도움이 안 되니, 도리어 알음알이라는 경계의 바람에 나부끼어서 생사의 바닷속에 돌아가게 된다.

부처란 구하는 것이 없는 사람이니 구하면 곧 어긋나고, 이치란 구할 것 없는 것이니 구하면 곧 잃는다. 만일 구함이 없는 것을 취할지라도 도리어 구함이 있는 것과 같으니 이 법은 진실함도 허망함도 없다.

만일 일생 동안 마음을 목석과 같이 하면 오온, 십팔계, 오욕, 팔풍 따위에 표류하거나 빠지지 않는다.

心雖親受苦樂不干於懷。麤食接命補衣禦寒暑。兀兀如愚如聾相似稍有親分。於生死中廣學知解。求福求智於理無益。却被解境風漂。却歸生死海裏。佛是無求人。求之即乖。理是無求理求之即失。若取於無求復同於有求。此法無實無虛。若能一生心如木石相似。不為陰界五欲八風之所漂溺。

---

57) 올올(兀兀) : 원문의 올올(兀兀)은 '우뚝 솟아있는 모습'이라는 뜻이다.

생사의 원인이 끊어져서 가고 머무름에 자유로우며, 일체 유위법의 인과에 속박되지 않아, 후에 속박 없는 몸으로 돌아와 무리를 이롭게 하고, 속박 없는 마음으로 온갖 일체 마음에 응하며, 속박 없는 지혜로 일체 속박을 풀어주고 또는 병에 맞추어 약을 주니라."

어떤 승려가 물었다.

"지금 계를 받아서 몸과 입이 청정해지고 모든 선을 구족하면 해탈을 얻겠습니까?"

대사가 말하였다.

"조금은 해탈했다고 하겠지만 마음의 해탈은 얻는 것이 아니며 일체 해탈도 얻는 것이 아니니라."

"어떤 것이 마음의 해탈입니까?"

"부처도 구하지 않고 알음알이도 구하지 않으며 더럽고 깨끗한 망정이 다했으나 또한 이것도 지키지 않아 구함이 없어야 한다.

即生死因斷去住自由。不為一切有為因果所縛。他時還與無縛身同利物。以無縛心應一切心。以無縛慧解一切縛。亦能應病與藥。僧問。如今受戒身口清淨已。具諸善得解脫否。答少分解脫。未得心解脫。未得一切解脫。問云。何是心解脫。答不求佛不求知解。垢淨情盡亦不守此無求。

그러므로〔為是〕[58] 다한 곳에 머무르지도 않아야 하고, 지옥의 속박을 두려워하지도 않으며, 천당의 쾌락을 사랑하지도 않아 일체의 법에 구애되지 않으면, 비로소 걸림 없는 해탈이라 하며 곧 몸과 마음과 일체가 모두 해탈이라 한다.

그대들은 조그마한 계와 선행으로써 다 마쳤다고 말하지 말라. 항하의 모래같이 많은 무루의 계와 선정과 지혜의 문이 있으니 털끝만치도 미치지 못했다.

젊었을 때 맹렬히 노력해서 지어라. 귀가 어두워지고 눈이 어두워지며 머리가 희어지고 얼굴이 쭈그러지기를 기다리지 말라. 늙어서 고통이 몸에 다다르고 눈에서 눈물이 흐르고 마음속에 두려움이 생기면 갈 곳이 없다. 이런 때를 당해서는 손발을 정돈할 겨를도 없다. 설사 복과 지혜가 있고 들은 것이 많아도 모두 구제될 수 없으니 마음의 눈이 열리지 않았기 때문이다.

為是亦不住盡處。亦不畏地獄縛。不愛天堂樂。一切法不拘。始名為解脫無礙。即身心及一切皆名解脫。汝莫言有少分戒善將為便了。有河沙無漏戒定慧門。都未涉一毫在。努力猛作早與。莫待耳聾眼暗頭白面皺。老苦及身眼中流淚心中慞惶未有去處。到恁麼時整理脚手不得也。縱有福智多聞都不相救為心眼未開。

58) 위시(為是) : 원문의 위시(為是)는 '그러므로', '혹은'이라는 뜻이다. 因此. 還是. 或者.

오직 여러 경계를 반연하여 생각할 뿐, 돌이켜 비출 줄 모르기 때문에 불도를 보지 못하고, 일생 동안 있던 곳에서 지은 악업이 다 앞에 나타난다. 기뻐했거나 두려워했던 육도와 오온이 모두 앞에 나타나는데 장엄스러운 집과 배와 수레로 환하게 광명을 놓는 것으로 보인다.

내 마음이 탐하고 사랑했기 때문에 보이는 것 모두가 좋은 경계로 변해 보이고 소중하게 보이는 곳을 따라 태어나게 되니, 도무지 자유가 없어서 용이 될지, 짐승이 될지, 양반이 될지, 천민이 될지 또한 모두 정해진 바가 없다."

"어찌해야 자유로움을 얻습니까?"

"지금 오욕과 팔풍의 정(情)으로 취하고 버림이 없어서 더럽고 깨끗함이 모두 없으면, 해와 달이 허공에서 구름 없이 비치는 것과 같으리라.

唯緣念諸境不知返照。復不見佛道。一生所有惡業悉現於前。或忻或怖。六道五蘊現前盡見。嚴好舍宅舟船車輿光明顯赫。為縱自心貪愛。所見悉變為好境。隨所見重處受生都無自由分。龍畜良賤亦總未定。問如何得自由。答如今對五欲八風情無取捨。垢淨俱亡。如日月在空。不緣而照。

또 마음이 목석과 같고 또는 코끼리가 물을 건너는 것과도 같아서 다시는 의심과 막힘이 없으리니, 이 사람은 천당과 지옥에 포섭되지 않느니라.

또 경을 읽거나 교리에 관한 어록을 보지 않더라도 모두가 완전히 자기에게로 굴러 돌아간다. 하지만 이 일체의 교리는 다만 지금 자기의 성품을 깨닫는 것을 밝히기 위한 것이기에, 일체 있고 없는 모든 법의 경계에 모두 굴림을 당하지 않으리라.

이렇게 인도하는 선사는 능히 일체 있고 없는 경계의 법을 비추어서 깨뜨리니, 이것이 금강이어서 독립되어 자유로울 자격이 있다.

만일 그렇게 되지 못하면 비록 12위타경(十二韋陀經)[59]을 다 외울지라도 뛰어난 체하는 교만만을 더할 뿐이니, 도리어 부처를 비방하는 것이지 수행이 아니니라.

心如木石。亦如香象截流而過更無疑滯。此人天堂地獄所不能攝也。又不讀經看教語言。皆須宛轉歸就自己。但是一切言教。只明如今覺性自己。俱不被一切有無諸法境轉。是導師能照破一切有無境法。是金剛即有自由獨立分。若不能恁麼得。縱令誦得十二韋陀經。只成增上慢。却是謗佛不是修行。

59) 12위타경(十二韋陀經) : 위타(韋陀)란 인도 고대의 경전인 베다(veda)의 음역으로, 12위타경은 부처님의 가르침을 내용과 형식에 따라 12가지로 분류한 것이다.

경을 읽고 교리를 보는 것이 세간 일에 견주건대 좋은 일이기는 하나 진리를 밝힌 사람 편에서 본다면 옹색한 사람일 뿐이다.

십지(十地)에 오른 사람들도 생사의 강으로 흘러들어가지 않으려면 해탈해야 하니, 알음알이와 어구에서 이치를 찾으려 하지 말라.

알음알이는 탐욕에 속하고 탐욕은 병이 되니, 다만 지금이라도 일체 유무의 모든 법들을 여의기만 하면 삼구(三句) 밖으로 뛰어나서 자연히 부처와 다름없이 되리라.

이미 스스로가 부처라면 어찌 부처의 말을 이해하지 못할까 걱정하랴. 단지 부처가 아니라고 여겨서 있고 없는 모든 법에 끌려 바퀴 돌 듯 하다가 자유를 얻지 못할까 걱정일 뿐이다.

그러므로 진리를 깨닫지 않고 먼저 복과 지혜를 짓는 것은 마치 귀한 것을 천하게 쓰는 것과 같으므로 진리를 먼저 깨닫고 그 후에 복과 지혜를 짓는 것만 못하다.

讀經看教若准世間是好善事。若向明理人邊數此是壅塞人。十地之人脫不去流入生死河。但不用求覓知解語義句。知解屬貪。貪變成病。只如今但離一切有無諸法。透過三句外。自然與佛無差。既自是佛何慮佛不解語。只恐不是佛。被有無諸法轉不得自由。是以理未立先有福智載去。如賤使貴。不如於理先立後有福智。

때에 따라 깨달음에서 지으면 흙을 모아서 금을 이루고, 바닷물을 바꾸어서 소락(酥酪)[60]을 만들며, 수미산을 깨뜨려서 미세한 먼지처럼 만들고, 한 이치에서 무량한 이치를 이루며, 무량한 이치에서 한 이치를 이룬다."

대사는 때로는 설법을 마치고 대중이 흩어지면 그들을 불렀다. 대중이 고개를 돌리면 대사는 '이것이 무엇인가?'라고 하였다.[61]

당의 원화(元和) 9년 정월 17일에 열반에 드니, 수명은 95세요, 장경(長慶) 원년에 대지 선사(大智禪師)라는 시호를 하사받았고 탑호는 대보승륜(大寶勝輪)이라 하였다.

臨時作得。捉土為金。變海水為酥酪。破須彌山為微塵。於一義作無量義。於無量義作一義。師有時說法竟。大眾下堂。乃召之。大眾迴首。師云。是什麼(藥山目之為百丈下堂句)。唐元和九年正月十七日歸寂。壽九十五。長慶元年勅謚大智禪師。塔曰大寶勝輪。

60) 소락(酥酪) : 소나 양의 젖으로 만든 귀한 음식.
61) 약산(藥山)은 이것을 백장(百丈)의 하당구(下堂句)라고 불렀다. (원주)

 토끼뿔

ꩰ 대사가 위산과 함께 일을 하다가 "불이 있는가?" 하고 물으니 위산이 "있습니다." 하자, 대사가 "어디에 있는가?" 하니 위산이 나뭇가지 하나를 들어 두세 번 불고는 대사에게 건네준 것에 대해

대원은 위산처럼 하지 않고
"불이 있는가?" 하고 물으면
하던 일만 하고 있다가
"어찌 대답이 없느냐?" 하면
"벌써 지닌 줄만 알았습니다." 하리라.

ꩰ "일합상(一合相)도 얻을 수 없느니라." 했는데

대원이라면 "온통인 모습이다."라고만 하리라.

☁ "그는 집 없이 사느니라." 했는데

대원이라면 "험. 삼세제불과 역대조사 어느 한 분도 모두가 스스로 짓게 가르치지 않는 이는 한 분도 없다." 하리라.

☁ "어찌하여야 자유를 얻습니까?"에 대한 법문을 모두 읽고 이르노라.

밖이 없음으로 만사를 응하면 서로의 신통묘용 아님이 없어서 본래 이러-히 얽힐 바 없다.

선문규식(禪門規式)

백장(百丈) 대지(大智) 선사는 소실산(少室山)[62]에서 시작하여 조계(曹谿)[63]에 이른 선종으로서 율종 사찰에서 많이 지냈는데, 비록 다른 사찰에 머무르면서 법을 설하고 주지를 하였지만, 법규와 법도에 맞지 않으므로 항상 마음에 걸려서 말하였다.

"조사의 도를 널리 펴서 교화하고 미래에까지 끊이지 않게 하려면 어찌 여러 부문의 아함교(阿含教)[64]를 따라 행하랴."

어떤 이가 물었다.

"『유가론(瑜伽論)』과 『영락경(瓔珞經)』은 대승의 계율인데 어찌 그에 의지하여 따르지 않습니까?"

禪門規式 百丈大智禪師。以禪宗肇自少室。至曹谿以來。多居律寺。雖別院然於說法住持未合規度故。常爾介懷。乃曰。祖之道欲誕布化元。冀來際不泯者。豈當與諸部阿笈摩教為隨行耶。或曰。瑜伽論瓔珞經。是大乘戒律。胡不依隨哉。

---

62) 소실산(少室山) : 소실산은 선종의 발상지로, 보리달마 대사가 창건한 소림사가 있는 산이다. 달마 대사를 상징하여 일컫는다.

63) 조계(曹谿) : 조계는 육조 혜능 대사의 별호인데, 혜능 대사가 주석하며 법을 설했던 산이름이다.

64) 아함교(阿含教) : 소승교를 말한다, 아급마(阿笈摩), 아함모(阿含暮)라고도 한다.

대사가 말하였다.

“내가 종(宗)으로 하는 바는 대소승에 국집하지도 않고, 대소승과 다르지도 않다. 응당 박약(博約)[65)]하고 절중(折中)해서 제도와 규범을 설정하여 그것에 마땅하게 힘쓰도록 하려는 것이다.”

그리하여 창의적으로 선종의 거처를 별도로 세웠다.

무릇 도안(道眼)을 갖춰 존중할 만한 덕이 있는 이를 장로라 하니, 마치 서역에서 도가 높고 법랍이 긴 사람을 수보리라고 부르는 것과 같다.

이미 화주(化主)[66)]이면 곧 방장(方丈)[67)]에 거처하는데 유마의 방[68)]과 같이 할 것이요, 사적으로 자는 방이 아니다.

師曰。吾所宗非局大小乘。非異大小乘。當博約折中設於制範務其宜也。於是創意別立禪居。凡具道眼有可尊之德者。號曰長老。如西域道高臘長。呼須菩提等之謂也。既為化主即處於方丈。同淨名之室。非私寢之室也。

---

65) 박약(博約) : 박약이란 지식은 넓게 가지고 행동은 예의에 맞게 하라는 공자의 말이다. 박문약례(博文約禮)의 준말.

66) 화주(化主) : 세상을 교화하는 주인, 또는 여러 사람에게 시주를 얻어 법연을 맺게 하고 절에서 쓰는 비용을 구해 드리는 선승을 뜻한다.

67) 방장(方丈) : 선종사찰의 장로 혹은 주지가 거처하는 곳을 가리키는 말이다.

68) 『유마힐경』에서 이르기를 ‘문수보살이 이윽고 그 집에 들어가니, 비어서 아무 것도 없고 유마거사가 홀로 평상에 누워 있었다.’라고 하였다. 유마거사가 눕는 침실의 가로와 세로가 1장(丈)이었는데 신통력으로 삼만 이천의 큰 사자좌(獅子座)를 들여 놓았는데도 방은 비좁지 않았다고 한다.

불전(佛殿)[69]을 세우지 않고 오직 법당(法堂)[70]만을 둔 것은 불조께 친히 가르침을 받는다는 것을 표하여 당대의 존중을 받기 위한 것이다.

모여서 거처하는 학자들은 많건 적건 높건 낮건 모두가 승당(僧堂)[71]에 들어가서 하안거를 지낸 차례에 따라 앉는다.

긴 평상과 옷걸이를 설치하여 도구를 걸어두고, 누울 때는 반드시 비스듬히 평상 귀에 기댄다. 오른쪽 겨드랑이를 대고 눕는 길상수(吉祥睡)는 좌선을 너무 오래 하였기에 잠깐 누워서 쉬는 것일 뿐이니, 네 가지 위의를 갖추어야 한다.

방장실에 들어와서 법을 물을 때를 제외하고는 학자들이 부지런하거나 게을리 하는 것은 뜻대로 하고, 상당하거나 하당하는 것은 일정한 규정에 구애되지 않는다.

不立佛殿唯樹法堂者。表佛祖親囑受[72]當代為尊也。所裒學眾無多少無高下。盡入僧堂中依夏次安排。設長連床施椸架。掛搭道具。臥必斜枕床脣。右脅吉祥睡者。以其坐禪既久。略偃息而已。具四威儀也。除入室請益。任學者勤怠。或上或下不拘常准。

69) 불전(佛殿) : 부처님 상을 모신 곳.
70) 법당(法堂) : 법을 설하는 곳.
71) 승당(僧堂) : 승려들이 공부하는 곳.
72) 受가 명나라본에는 授로 되어 있다.

승원의 모든 대중은 아침에 참선하고 저녁에 모이며, 장로가 상당하여 법좌에 올라 설법을 할 때에는 일을 보는 이나 대중이나 모두 곁에 나란히 서서 귀를 기울여 듣고, 손님과 주인이 문답을 주고받아 종지를 드날려서 모두가 법에 의해 산다는 것을 표시한다.

밥이건 죽이건 의당 두 때에 골고루 나누는 것은 절약과 검소함에 힘써 법과 음식을 쌍으로 운용함을 표시한다.

울력을 할 때는 위와 아래가 균등하게 힘을 쏟고, 10가지 소임을 두어 요사라 하며, 책임지는 한 사람이 여러 사람을 이끌고 일을 경영하여 각자 자기의 맡은 바를 다하게 한다.[73]

其闔院大眾朝參夕聚。長老上堂陞座。主事徒眾雁立側聆。賓主問醻激揚宗要者。示依法而住也。齋粥隨宜二時均遍者。務於節儉。表法食雙運也。行普請法上下均力也。置十務謂之寮舍。每用首領一人管多人營事。令各司其局也(主飯者目為飯頭。主菜者目為菜頭。他皆倣此)。

73) 음식을 주관하는 자를 반두라 하고, 채소를 주관하는 자를 채두라 하며, 다른 모든 것도 이와 같다. (원주)

혹 어떤 이가 가짜 이름으로 청정한 대중 속에 스며들었거나 소란을 피우면 그 당(堂)의 유나(維那)[74]에게 고발하여〔檢擧〕[75] 방부(房付)[76]할 때 거는 패를 본래의 자리에서 제거해서 절 밖으로 몰아내는 것은 청정한 대중을 편안하게 하기 위함이다.

어떤 이가 죄를 범하면 주장자로 때리거나 대중을 모아놓고 의발과 도구를 태우고 옆문으로 쫓아내는 것은 부끄러움을 보이기 위한 것이다.

이 제도를 자세히 보면 4가지 이익이 있다.

或有假號竊形混於清衆。并別致喧擾之事。即堂維那檢舉抽下本位掛搭。擯令出院者。貴安清衆也。或彼有所犯。即以拄杖杖之。集衆燒衣鉢道具。遣逐從偏門而出者。示恥辱也。詳此一條制有四益。

74) 유나(維那) : 절에서 승려의 규율을 담당한 이.

75) 검거(檢擧) : 원문의 검거(檢擧)는 유관 부문 혹은 조직에게 법 위반이나 범죄행위를 고발하는 것을 뜻한다.

76) 방부(房付) : 선방에서 객승으로서 남의 절에 가서 잠시 지내기를 부탁하거나 안거를 청하는 일. 입방이 허락 되면 지내는 동안 그 승려의 명패를 그 사찰에 걸어두게 된다.

첫째는 청정한 대중이 더럽혀지지 않아 공손한 믿음을 내게 되는 것이요,

(3업이 바르지 않으면 같이 살지 못한다. 율문에 의하건대 율법에 의하여 다스려서 쫓아내야 한다. 청정한 대중이 편해지면 공손한 믿음이 생긴다.)

둘째는 스님다운 모습이 손상되지 않아 부처님의 제도에 맞게 되는 것이요,

(적당히 징계하여 법복만을 남겨 두면 뒤에는 반드시 뉘우치게 된다.)

셋째는 공문(公門)이 소란치 않아 송사(訟事)가 줄어드는 것이요,

一不污清眾生恭信故(三業不善不可共住。準律合用梵壇法治之者。當驅出院。清眾既安恭信生矣)。二不毀僧形循佛制故(隨宜懲罰。得留法服。後必悔之)。三不擾公門省獄訟故。

넷째는 허물이 밖으로 새지 않아 종문의 기강이 잘 보호되는 것이다.

(사방에서 모인 무리가 같이 사는데 범부와 성인을 누가 판단하겠는가? 여래께서 세상에 계실 때에도 삿된 여섯 무리의 비구가 있었는데, 지금은 말법이니 어찌 전혀 없을 수 있겠는가?

한 스님이 허물이 있는 것을 보면 잇달아서 비방을 부르니, 대중을 가볍게 여기고 법칙을 무너뜨리면 그 손실이 크다는 것을 모르기 때문이다. 지금 선문에서 예사로 방해가 없다고 여길 일이라도 마땅히 백장 선사의 총림 격식에 따라 일을 분별하고 구분해야 한다. 그리하여 법칙을 세워 잘못을 미연에 방지해야 한다. 현사인양 여기고 있지 말아야 한다. 차라리 격식을 세워 범하는 이가 없게 할지언정 범하는 이가 있는데 가르침이 없게 해서는 안 된다. 백장 선사가 법을 보호한 이익은 실로 크다고 할 수 있다.)

四不洩於外護宗綱故(四來同居聖凡孰辨。且如來應世尚有六群之黨。況今像末豈得全無。但見一僧有過。便雷例譏謗。殊不知。以輕眾壞法其損甚大。今禪門若稍無妨害者。宜依百丈叢林格式量事區分。且立法防姦。不為賢士然。寧可有格而無犯。不可有犯而無教。惟百丈禪師護法之益。其大矣哉)。

선문(禪門)에서 독립적으로 행하게 된 것은 백장 선사에서 비롯했으니, 이제 그 대략을 서술하여 후학에게 큰 요지를 두루 보이는 것은 근본을 잊지 않게 하기 위해서이다. 그 모든 궤칙과 법도는 산문(山門)에 갖추어져 있다.

禪門獨行。由百丈之始。今略敍大要遍示後代學者。令不忘本也。其諸軌度山門備焉。

색 인 표

색 인 표

색 인 표

색 인 표

색 인 표

색 인 표

색 인 표

부록은 농선 대원 선사님의 인가 내력과 법어 그리고 대원 선사님께서 직접 작사하신 노래 가사를 실었다. 특히 요즘 선지식 없이 공부하는 이들을 위하여 수행의 길로부터 불보살님의 누림까지 닦아 증득할 수 있도록 '부록4'에 '가슴으로 부르는 불심의 노래' 가사를 담았으니, 끝까지 정독하여 수행의 요긴한 지침이 되기를 바란다.

부 록

농선 대원 선사님 인가 내력

제 1 오도송

이 몸을 끄는 놈 이 무슨 물건인가?
골똘히 생각한 지 서너 해 되던 때에
쉬이하고 불어온 솔바람 한 소리에
홀연히 대장부의 큰 일을 마치었네

무엇이 하늘이고 무엇이 땅이런가
이 몸이 청정하여 이러-히 가없어라
안팎 중간 없는 데서 이러-히 응하니
취하고 버림이란 애당초 없다네

하루 온종일 시간이 다하도록
헤아리고 분별한 그 모든 생각들이
옛 부처 나기 전의 오묘한 소식임을
듣고서 의심 않고 믿을 이 누구인가!

此身運轉是何物
疑端汨沒三夏來
松頭吹風其一聲
忽然大事一時了

何謂靑天何謂地
當體淸淨無邊外
無內外中應如是
小分取捨全然無

一日於十有二時
悉皆思量之分別
古佛未生前消息
聞者卽信不疑誰

대원 선사님의 스승이신 불조정맥 제77조 조계종(曹溪宗) 전강(田岡) 대선사님께서 1962년 대구 동화사의 조실로 계실 당시 대원 선사님께서도 동화사에 함께 머무르고 계셨다.

하루는 전강 대선사님께서 대원 선사님의 3연으로 되어 있는 제1오도송을 들어 깨달은 바는 분명하나 대개 오도송은 짧게 짓는다고 말씀하셨다. 이에 대원 선사님께서는 제1오도송을 읊은 뒤, 도솔암을 떠나 김제들을 지나다가 석양의 해와 달을 보고 문득 읊었던 제2오도송을 일러드렸다.

제 2 오도송

해는 서산 달은 동산 덩실하게 얹혀 있고
김제의 평야에는 가을빛이 가득하네
대천이란 이름자도 서지를 못하는데
석양의 마을길엔 사람들 오고 가네

日月兩嶺載同模
金提平野滿秋色
不立大千之名字
夕陽道路人去來

제2오도송을 들으신 전강 대선사님께서는 이에 그치지 않고 그와 같은 경지를 담은 게송을 이 자리에서 즉시 한 수 지어볼 수 있겠냐고 하셨다. 대원 선사님께서는 곧바로 다음과 같이 읊으셨다.

바위 위에는 솔바람이 있고
산 아래에는 황조가 날도다

대천도 흔적조차 없는데
달밤에 원숭이가 어지러이 우는구나

岩上在松風
山下飛黃鳥
大千無痕迹
月夜亂猿啼

전강 대선사님께서는 위 송의 앞의 두 구를 들으실 때만 해도 지그시 눈을 감고 계시다가 뒤의 두 구를 마저 채우자 문득 눈을 뜨고 기뻐하는 빛이 역력하셨다.

그러나 전강 대선사님께서는 여기에서도 그치지 않고 다시 한 번 물으셨다.

"대중들이 자네를 산으로 불러내어 그 중에 법성(향곡 스님 법제자인 진제 스님. 동화사 선방에 있을 당시에 '법성'이라 불렸고, 나중에 '법원'으로 개명하였다.)이 달마불식(達磨不識) 도리를 일러보라 했을 때 '드러났다'라고 답했다는데, 만약에 자네가 당시의 양무제였다면 '모르오'라고 이르고 있는 달마 대사에게 어떻게 했겠는가?"

대원 선사님께서 답하셨다.

"제가 양무제였다면 '성인이라 함도 서지 못하나 이러-히 짐의 덕화와 함께 어우러짐이 더욱 좋지 않겠습니까?' 하며 달마 대사의 손을 잡아 일으켰을 것입니다."

전강 대선사님께서 탄복하며 말씀하셨다.

"어느새 그 경지에 이르렀는가?"

"이르렀다곤들 어찌하며, 갖추었다곤들 어찌하며, 본래라곤들 어찌하리까? 오직 이러-할 뿐인데 말입니다."

대원 선사님께서 연이어 말씀하시자 전강 대선사님께서 이에 환희하시니 두 분이 어우러진 자리가 백아가 종자기를 만난 듯, 고수명창 어울리듯 화기애애하셨다.

달마불식 공안에 대한 위의 문답은 내력이 있는 것이다. 전강 대선사님께서 대원선사님을 부르시기 며칠 전에, 저녁 입선 시간 중에 노장님 몇 분만이 자리에 앉아있을 뿐 자리가 텅텅 비어 있었다고 한다.

대원 선사님께서 이상히 여기고 있던 중, 밖에서 한 젊은 수좌가 대원선사님을 불렀다. 그 수좌의 말이 스님들이 모두 윗산에 모여 기다리고 있으니 가자고 하기에 무슨 일인가 하고 따라가셨다.

그러자 그 자리에 있던 법성 스님이 보자마자 달마불식 법문을 들고 이르라고 하기에 지체없이 답하셨다.

"드러났다."

곁에 계시던 송암 스님께서 또 안수정등 법문을 들고 물으셨다.

"여기서 어떻게 살아나겠소?"

대뜸 큰소리로 이르셨다.

"안·수·정·등."

이에 좌우에 모인 스님들이 함구무언(緘口無言)인지라 대원 선사님께서는 먼저 그 자리를 떠나 내려와 버리셨다.

그 다음날 입승인 명허 스님께서 아침 공양이 끝난 자리에서 지난 밤 입선시간 중에 무단으로 자리를 비운 까닭을 묻는 대중 공사를 붙여

산 중에서 있었던 일들이 낱낱이 드러나고 말았다. 그리하여 입선시간 중에 자리를 비운 스님들은 가사 장삼을 수하고 조실인 전강 대선사님께 참회의 절을 했던 일이 있었다.

전강 대선사님께서는 이때에 대원 선사님께서 달마불식 도리에 대해 일렀던 경지를 점검하셨던 것이다.

이런 철저한 검증의 자리가 있었던 다음 날, 전강 대선사님께서 부르시기에 대원 선사님께서 가보니 모든 것이 약조된 데에서 주지인 월산(月山) 스님께서 입회해 계셨으며 전강 대선사님께서는 곧바로 다음과 같이 전법게(傳法偈)를 전해주셨다.

전 법 게

부처와 조사도 일찍이 전한 것이 아니거늘
나 또한 어찌 받았다 하며 준다 할 것인가
이 법이 2천년대에 이르러서
널리 천하 사람을 제도하리라

佛祖未曾傳
我亦何受授
此法二千年
廣度天下人

덧붙여 이 일은 월산 스님이 증인이며 2000년까지 세 사람 모두 절대 다른 사람이 알게 하거나 눈에 띄게 하지 않아야 한다고 당부하셨다.

만약 그러지 않을 시에는 대원 선사님께서 법을 펴 나가는데 장애가 있을 것이라고 예언하셨다. 또한 각별히 신변을 조심하라 하시고 월산 스님에게 명령해 대원선사님을 동화사의 포교당인 보현사에 내려가 교화에 힘쓰게 하셨다.

대원 선사님께서 보현사로 떠나는 날, 전강 대선사님께서는 미리 적어두셨던 부송(付頌)을 주셨으니 다음과 같다.

부 송

어상을 내리지 않고 이러-히 대한다 함이여
뒷날 돌아이가 구멍 없는 피리를 불리니
이로부터 불법이 천하에 가득하리라

不下御床對如是
後日石兒吹無孔
自此佛法滿天下

위의 게송에서 '어상을 내리지 않고 이러-히 대한다 함이여'라는 첫째 줄 역시 내력이 있는 구절이다.

전에 대원 선사님께서 전강 대선사님을 군산 은적사에서 모시고 계실 당시 마당에서 홀연히 마주쳤을 때 다음과 같은 문답이 있었다.

전강 대선사님께서 물으셨다.

"공적(空寂)의 영지(靈知)를 이르게."

대원 선사님께서 대답하셨다.

"이러-히 스님과 대담(對談)합니다."

"영지의 공적을 이르게."

"스님과의 대담에 이러-합니다."

"어떤 것이 이러-히 대담하는 경지인가?"

"명왕(明王)은 어상(御床)을 내리지 않고 천하 일에 밝습니다."

위와 같은 문답 중에 대원 선사님께서 답하신 경지를 부송의 첫째 줄에 담으신 것이다.

전강 대선사님께서 대원선사님을 인가(印可)하신 과정을 볼 때 한 번, 두 번, 세 번을 확인하여 철저히 점검하신 명안종사의 안목에 탄복하지 않을 수 없으며 이에 끝까지 1초의 머뭇거림도 없이 명철하셨던 대원선사님께 찬탄하지 않을 수 없다.

그리하여 법열로 어우러진 두 분의 자리가 재현된 듯 함께 환희용약하지 않을 수 없다.

이제 전강 대선사님과 약속한 2천년대를 맞이하였으므로 여기에 전법게를 밝힌다.

이로써 경허, 만공, 전강 대선사님으로 내려온 근대 대선지식의 정법의 횃불이 이 시대에 이어져 전강 대선사님의 예언대로 불법이 천하에 가득할 것이다.

농선 대원 선사님 법어

깨달음은 실증실수다. 그러나 지금의 불교가 잘못된 견해와 지식으로 불조의 가르침을 왜곡하고 견성성불 하고자 애쓰는 수행인들을 오히려 길을 잃고 헤매게 하고 있다.

그래서 이 장에서는 대원 선사님의 혜안으로 제방에서 논의되는 불교의 핵심적인 대목을 밝혀, 불조의 근본 종지를 드러내고 불교가 나아가야 할 바를 보였다.

깨달음의 정수를 담은 12게송은 실제 깨닫지 못하고 말로만 깨달음을 말하거나 혹은 깨달았다 해도 보림이 미진한 이들을 경계하게 하며 실증의 바탕에서 닦아 증득할 수 있도록 하였으니, 생사를 결단하고 본연한 참나를 회복하려는 이들에게 칠흑 같은 밤길에 등불과 같은 길잡이가 될 것이다.

화두실참

제방의 선방 상황을 보면 목적지에 이르는 길을 몰라 노정길을 묻고 있는 격이다. 무자와 이뭐꼬 화두가 최고라 하면서도 실제 실참을 하지 못하고 있기 때문이다. '이 무엇인고?' 하면서 이 눈으로 보려 한다면 경계 위에서 찾는 것이어서 억만 겁을 두고 찾아도 찾을 수 없다. 그러므로 깨달아 일체종지를 이룬 스승의 분명한 안목의 지도가 없다면 화두를 들든, 관법을 행하든, 염불을 하든 깨달음을 기약한다는 것이 정말 어렵다 할 것이다.

오후보림

설사 깨달음을 성취했다 해도 그것은 공부의 끝이 아니다. 오후보림을 통해 업을 다해야만 육신통을 자재할 수 있게 되는 것이다. 일상에 육신통을 자재하는 구경본분의 경지일 때 비로소 공부를 마쳤다 할 것이다.

개유불성

부처님께서 분명히 준동함령 개유불성(蠢動含靈 皆有佛性)이라고 하셨다. 이것은 모든 만물이 다 부처가 될 성품을 갖고 있다는 뜻이다. 불성이 하나라고 주장하는 목소리가 불교계에 드높으나 이것은 개유불성 즉, 낱낱이 제 불성은 제가 지니고 있다는 부처님의 말씀을 정면으로 어기는 말이다.

옛 선사님 말씀에 '천지(天地)가 여아동근(與我同根)이고 만물(万物)이 여아일체(與我一切)'라고 했다. '천지가 여아동근이다' 라는 것은 하늘 땅이 나와 더불어 같은 뿌리라는 말이다.

'나와 더불어'라고 했고 또한 한 뿌리가 아니라 같은 뿌리라고 했다. '더불 여(與)'자와 '같을 동(同)'자가 이미 하나라 할 수 없다는 것을 말해주고 있다. 즉 이 말은 하나와도 같다, 한결같이 똑같다는 말이다. 하나라면 '같을 동'자 뿐만 아니라 일이란 글자도 설 수 없다. 일은 이가 있을 때에야 비로소 설 수 있는 것이다.

그러므로 '천지가 여아동근이다' 즉 하늘과 땅이 나와 더불어 같은 뿌리라는 것은 모든 것이 한결같이 가없는 성품 자체에서 비롯되었다는 말이다.

또한 '만물이 여아일체이다' 즉 만물이 나와 더불어 한 몸이라는 말에서 일체란 하나의 몸을 말하는 것이 아니라 모든 불성이 가없는 성품 자체로 서로 상즉한 온통인 몸을 말하는 것이어서 만물이 나와 더불어 상즉한 자체를 말한 것이다.

공부를 많이 한 사람이 외도에 깊이 떨어지는 경우가 있다. 인가를 받지 못한 선지식들이 모두 체성을 보지 못한 이는 아니다. 가없는 성품 자체에 사무치고 보니 도저히 둘일 수가 없으므로 불성이 하나라고 한 것이다. 그러나 불성이 하나라고 하는 것은 바른 깨달음이 아니다. 그래서 인가를 받지 않으면 외도라 하는 것이다. 체성에 사무쳤다 해도 스승의 지도를 받아 일체종지를 이루지 못하면 이런 큰 허물을 짓는 것이다.

만약 불성이 하나라고 하는 이가 있으면 “아픈 것을 느끼는 것이 몸뚱이냐, 자성이냐?”라고 물어야 한다. 그러면 당연히 누구나 자성이라고 답할 것이다. 만약 몸뚱이가 아픔을 느끼는 것이라면 시체도 아픔을 느껴야 하기 때문이다. 이렇게 볼 때에 자성이 하나라면 누군가 아플 때 동시에 모두 아픔을 느껴야 할 것이다. 또한 한 사람이 생각을 일으킬 때 이를 모두 알아야 한다. 불성이 하나라면 마음도 하나여서 다른 마음이 있을 수 없기 때문이다.

돈오돈수

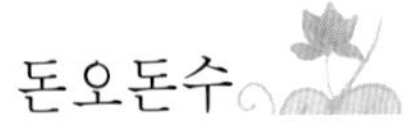

제방에 돈오돈수(頓悟頓修)에 대한 여러 가지 서로 다른 주장으로 시비가 끊어지지 않고 있다. 이로 인해 수행자들이 견성하면 더 이상 닦을 것이 없다는 그릇된 견해에 집착하거나 의심을 일으킬까 염려하여 여기에 바른 돈오돈수의 이치를 밝히고자 한다.

견성이 곧 돈오돈수라고 하는 분들이 많다.

그러나 견성이 곧 구경지인 성불이라면 돈오면 그만이지 돈수란 말은 왜 해놓았겠는가?

또한 오후보림(悟後保任)이라는 말은 무슨 말인가.

금강경에는 네 가지 상(我相, 人相, 衆生相, 壽者相)만 여의면 곧 중생이 아니라는 말이 수없이 되풀이되고 있다.

그런데 제구 일상무상분(第九 一相無相分)을 볼 때 다툼이 없는(곧 모든 상을 여읜) 삼매인(三昧人) 가운데 제일인 아라한도 구경지가 아니니 보살도를 닦아 등각을 거쳐야 구경성불인 묘각지에 이르른다는 사실을 알 수 있다.

또한, 제이십삼 정심행선분(第二十三 淨心行善分)을 보면 부처님께서 "아도 없고, 인도 없고, 중생도 없고, 수자도 없는 가운데 모든 선법(善法)을 닦아야 곧 아뇩다라삼먁삼보리를 얻는다."라고 말씀하시고 있으니 이것은 다름이 아니라 견성한 후에 견성을 한 지혜로써 항상 체성을 여의지 않고, 남은 업을 모두 닦아 본래 갖춘 지혜덕상을 원만하게 회복시켜야 구경성불할 수 있다는 말씀이다.

그렇다면 어째서 돈수일까?

'돈'이란 시공이 설 수 없는 찰나요, '수'란 시간과 공간 속에서 닦는 것이다.

단박에 마친다면 '돈'이면 그만이고, 견성 이전이든 이후든 닦음이 있다면 '수'라고만 할 것이지 어째서 돈과 수가 함께 할 수 있을까? 그야말로 물의 차고 더움은 그 물을 마셔본 자만이 알듯이 깨달은 사람만이 알 것이다.

사무쳐 깨닫고 보니 시공이 서지 않아 이러-히 닦아도 닦음이 없으니 네 가지 상이 없는 가운데 모든 선법을 닦는 것이요, 단박에 깨달으니 색공(色空)이 설 수 없어 이러-한 경지에서 닦음 없이 닦으니 네 가지 상이 없는 가운데 모든 선법을 닦는 것이다.

이와 같이 깨달아서 깨달은 바 없고, 닦아서는 닦은 바 없이 닦아, 남음이 없는 구경지인 성불에 이르는 과정을 돈오돈수라 한다.

견성하면 마음 이외의 다른 물건이 없는 경지인데 어떻게 닦음이 있을 수 있는가 하고 의심하는 분들이 많다. 그러나 견성했다 해도 헤아릴 수 없는 겁 동안에 길들여온 업으로 인하여 경계를 대하면 깨달아 사무친 바와 늘 일치하지는 못한다.

그래서 견성한 지혜로써 항상 체성을 여의지 않고 억겁에 익혀온 업을 제거하고 지혜 덕상을 원만하게 회복시켜야 구경성불할 수 있다.

이것이 앞에서 밝혔듯 금강경에서 부처님께서 하신 말씀이요, 돈오돈수를 주창한 당사자인 육조 대사님께서 하신 말씀이다.

육조단경 돈황본 이십칠 상대법편과 이십팔 참됨과 거짓을 보면 육조 대사님께서 당신의 설법언하에 대오하고도 슬하에서 3, 40년간 보림한 십대 제자들을 모아놓고 말씀하신다.

“내가 떠난 뒤에 너희들은 각각 일방의 지도자가 될 것이다. 그러므로 내가 너희들에게 설법하는 것을 가르쳐서 근본종지를 잃지 않도록 해주리라. 나오고 들어감에 곧 양변을 여의도록 하라.” 하시고 삼과(三科)의 법문과 삼십육대법(三十六對法)을 설하셨다.

뿐만 아니라 2, 3개월 후 다시 십대 제자들을 모아놓고 “8월이 되면 세상을 떠나고자 하니 너희들은 의심이 있거든 빨리 물어라. 내가 떠난 뒤에는 너희들을 가르쳐 줄 사람이 없다.” 하시며 진가동정게(眞假動靜偈)를 설하시고 외워 가져 수행하여 종지를 잃지 않도록 하라고 거듭 당부를 하시고 있다.

이것을 보아서도 이 사람이 말한 돈오돈수와 육조 대사께서 말씀하신 돈오돈수가 같다는 것을 알 수 있을 것이다.

다시 한 번 밝히자면 돈오란 자신의 체성을 단박에 깨닫는 것이요, 돈수란 깨달은 체성의 지혜로써 닦음 없이 닦는 것으로 이것이 곧 오후 보림이며, 수행자들이 퇴전하지 않고 구경성불할 수 있는 바른 수행의 길이다.

다음은 전등록 제 9권에서 추출한 것이다.

"돈오(頓悟)한 사람도 닦아야 합니까?"

"만일 참되게 깨달아 근본을 얻으면 그대가 스스로 알게 될 것이니 닦는다, 닦지 않는다 하는 것은 두 가지의 말일 뿐이다. 처음으로 발심한 사람들이 비록 인연에 따라 한 생각에 본래의 이치를 단박에 깨달았으나 아직도 비롯함이 없는 여러 겁의 습기(習氣)는 단박에 없어지지 않으므로, 그것을 깨끗이 하기 위하여 현재의 업과 의식의 흐름을 차츰차츰 없애야 하나니 이것이 닦는 것이다. 그것에 따로이 수행하게 하는 법이 있다고 말하지 마라.

들음으로 진리에 들고, 진리를 듣고 묘함이 깊어지면 마음이 스스로 두렷이 밝아져서 미혹한 경지에 머무르지 않으리라. 비록 백천 가지 묘한 이치로써 당대를 휩쓴다 하여도 이는 자리에 앉아서 옷을 입었다가 다시 벗는 것으로써 살림을 삼는 것이니, 요약해서 말하면 실제 진리의 바탕에는 한 티끌도 받아들이지 않지만 만행을 닦는 부문에서는 한 법도 버리지 않느니라. 만일 깨달았다는 생각마저 단번에 자르면 범부니 성인이니 하는 생각이 다하여, 참되고 항상한 본체가 드러나 진리와 현실이 둘이 아니어서 여여한 부처이니라."

"무엇이 돈오(頓悟)이며, 무엇을 점수(漸修)라 합니까?"

"자기의 성품이 부처와 똑같다는 것은 단박에 깨달았으나 비롯함이 없는 옛적부터의 습관은 단박에 제거할 수 없으므로 차츰 물리쳐서 성품에 따라 작용을 일으켜야 하니, 마치 사람이 밥을 먹을 때에 첫술에 배가 부르지 않는 것과 같다."

간화선인가 묵조선인가

나에게 "당신의 지도는 간화입니까, 묵조입니까?"라고 묻는 이들이 있다. 나의 지도법에는 애당초부터 간화니 묵조니 하는 것이 없다. 가 없는 성품 자체로 일상을 지어가라는 말이 바로 그것을 대변해주고 있다. 묵조선과 간화선이 나뉜 것은 육조 대사 이후여서 육조 대사 당시까지만 해도 묵조선이니, 간화선이니 하여 나누지 않았다. 나는 육조 대사 당시의 법을 그대로 펴고 있는 것이다.

묵조선과 간화선은 원래 종파가 아니다. 지도받는 이의 근기에 따라 지도한 방편일 뿐이다. 들뜬 생각과 분별망상에서 이끌어내기 위한 방편으로 지도한 것이 묵조선이다. 그렇게 이끌어서 깨달아 사무치면 깨달아 사무친 경지가 일상이 되게끔 다시 이끌어 주어야 하는 것이다.

달마 대사를 묵조선이라고 하는데 중국에 오기 전 달마 대사가 육파외도(六派外道)를 조복시키는 대목을 보면 달마 대사가 묵조선이 아니라는 것이 역력히 드러난다.

다만 황제가 법문을 할 정도였던 그 시대의 교리 위주의 이론불교를 근본불교에 이르게 하기 위한 방편으로 "밖으로 반연하여 일으키는 모든 생각을 쉬고 안으로 구하는 마음마저 쉬어라."라고 가르친 것이다. 간화선도 마찬가지여서 화두라는 용광로에 일체 분별망상을 녹여 없앰으로써 밖으로 반연하여 일으키는 모든 생각을 쉬고, 안으로 구하는 마음마저 쉬게 하여 깨닫게끔 한 것이다.

즉 화두를 들어도 이런 경지에 이르러야 깨달을 수 있는 것이다. 오롯이 끊어지지 않게 화두를 들어서 오직 이러한 경지에 이르러 있다가 어떤 경계에 문득 부딪힘으로써 깨닫게 된다. 결국에는 화두인 모든 공안도리 역시 사무쳐 깨닫게 하기 위한 방편이다.

그러므로 수기설법(隨機說法)하고 응병여약(應病與藥)해야 한다. 나 역시 제자가 이러한 경지에 사무쳐 깨닫게끔 하지만, 이미 사무친 연후에는 가없는 성품 자체에 머물러 있으려고만 하지 말고, 그 경지에서 응하여 모자람 없도록 지어나가야 한다고 지도한다.

묵조나 일행삼매(一行三昧), 어느 쪽도 모든 이에게 정해 놓고 일정하게 주어서는 바른 지도가 될 수 없는 것이다. 내가 앉아서 선화할 때에는 오직 심외무물의 경지만 오롯하게끔 지으라고 지도하는 것은 어떻게 보면 묵조선이다. 그것이 가장 빨리 업을 녹이는 방법이기 때문에 그렇게 지도하는 것이다.

그러나 활동할 때는 가없는 성품 자체로 일상을 지어 가라고 지도했으니 이것은 곧 일행삼매에 이르도록 지도한 것이다. 안팎 없는 경지를 여의지 않는 것이 삼매이니, 일상생활 속에서 여의지 않는 가운데 보고 듣고, 보고 듣되 여의지 않는 그것이 일행삼매이다.

그렇다면 나는 한 사람에게 묵조선과 일행삼매를 다 가르치고 있는 것이 된다. 묵조선이라고 했지만 앉아서는 생사해탈을 위한 멸진정을 익히도록 하고, 그 외에는 다 일행삼매를 짓도록 지도하고 있는 것이어서 한편으로 멸진정을 익히는 가운데 조사선을 짓고 있는 것이다.

어떠한 약도 쓰이는 곳에 따라 좋은 약이 되기도 하고 사약이 되기도 한다. 스승이 진정 자유자재해서 제자가 머물러 있는 부분을 틔워주는 지도를 할 때 그것이 약이 되는 것이다.

그러므로 '나는 간화선만을 가르친다.' 그렇게 지도해서는 안 된다. 부처님께서도 수기설법하라 하셨다. 병을 치료해 주는 것이 약이듯 그 기틀에 맞게끔 설해 주는 것이 참 법이다.

무유정법(無有定法)이라 하지 않았는가. 그 사람의 바탕과 익힌 업력과 현재의 경지 등 모든 것을 참작해서 거기에 알맞게 베풀어 주어야 한다.

부처님의 경을 마가 설하면 마설이 되고, 마경을 부처님께서 설하시면 진리의 경전이 된다는 것도 바로 이런 데에서 하신 말씀이다.

어느 한 종에만 편승하면 안 된다. 우리는 이 속에 오종칠가(五宗七家)의 법을 다 수용해야 된다. 어느 한 법도 버릴 수 없다. 모든 근기에 알맞도록 설해 주고 이끌어 줄 수 있어야 하기 때문이다.

그래서 다만 응하여 모자람이 없이 병에 의하여 약을 줄 뿐, 정해진 법이 없어서 어느 한 법도 따로 취함이 없어야 하는 것이다.

육조 대사께 행창이 찾아와 부처님 열반경 중에서 유상(有常)과 무상(無常)을 가지고 물었을 때 행창이 무상이라 하면 육조 대사는 유상이라 하고, 행창이 유상이라 하면 육조 대사는 무상이라 했다. 왜냐하면 원래부터 무상이니 유상이니가 있을 수 없어서, 부처님께서는 다만 유상이라는 집착을 벗어나게 하기 위해 무상을 말씀하시고, 무상이라는 집착을 벗어나게 하기 위해 유상을 말씀하셨을 뿐이거늘, 행창은 열반경의 이 말씀에 묶여 있었기 때문이다.

육조 대사가 이러한 이치에 대해서 설하자 행창이 곧 깨닫고 오도송을 지어 바쳤다.

이렇게 수기설법할 때 불법이다. 수기설법하지 못하면 임제종보다 더한 것이라 해도 불법일 수 없다.

각각 사람의 근기가 다른데 어떻게 천편일률적인 방법으로 똑같이 교화할 수 있겠는가.

불교 종단은 깨달은 분에 의해 운영되어야 한다

불교 정상의 지도자는 깨달아 일체종지를 이룬 분으로서, 어떤 이보다도 그 통달한 지혜와 덕과 복을 갖춤이 뛰어나고, 멀리 앞을 내다보는 안목을 지니고 있어야 한다. 그리고 불교 종단은 그분의 말이 법이 되어야 하고, 그분의 지시에 의해 운영되어야 한다.

당연하게 여겨져야 할 이 일이 새삼스러운 일로 여겨지는 것이야말로 크게 개탄해야 될 오늘날 불교계의 현실이다. 왜냐하면 이 일이 새삼스러워진 것만큼 부처님 당시의 법에서 그만큼 멀어졌다는 것을 의미하기 때문이다.

석가모니 부처님 생전에는 부처님 말씀 그대로가 법이었다. 그리고 부처님은 깨달음을 제1의 법으로 두셨다. 그렇기 때문에 부처님의 모든 법문을 가장 많이 알고 있는 다문제일 아난존자가 깨닫지 못했다는 이유로 부처님 열반 후, 제1차 경전 결집에 참여할 수 없었던 것이다.

이변인 법에 있어서 뿐만 아니라 사변인 승단의 행정에 있어서도 마찬가지였다. 계율을 정하고, 대중을 통솔하고, 승단을 운영하는 일까지 부처님께서 직접 지시하셨다.

모든 제자들은 부처님의 말씀을 따라 그 지시대로 한 마음, 한 뜻으로 부처님의 손발이 되었을 뿐이다. 부처님의 지시야말로 과거, 현재,

미래를 내다보는 안목의 가장 이상적인 행정이었기 때문이다.

우리나라 역시 근대에만 해도 깨달아 법력을 지닌 분이 종정을 지내셨을 때에는 그분의 말씀이 법이었고, 인가 받은 분들이 종회에 계실 때에는 그분들의 말씀을 받들어 종단의 행정이 운영되었다.

하동산 선사나 금오 선사, 효봉 선사 같은 분들이 종정이셨던 1950~60년대까지도 그러하였으니, 종정이 종단 전체의 주요 안건을 결정하는 결정권을 가지고 있었다.

종회 역시 혜암 스님, 금오 스님, 춘성 스님, 청담 스님 등 만공 선사 회상에서 인가 받은 분들이 종회에 계실 때에는 그분들의 뜻에 의거하여 종회 의원들이 승단의 일을 처리하였다.

그러므로 현재에 있어서도 만약 종회에 의해 종단이 운영되어야 한다면, 종회는 깨달아 보림한 분으로 구성되어야 한다. 그러한 종회라면 금상첨화여서 가장 훌륭한 불교 종단 운영이 될 것이다. 그러나 그것이 어려워서 깨달아 보림해서 일체종지를 통달한 분이 종정 한 분이라면, 그 한 분에 의해 모든 통솔이 이루어져야 한다. 만약 깨닫지 못한 분으로 이루어진 종회나 총무원에 의해 종단이 운영된다면, 십중팔구 그것은 진리가 아닌 세속적인 판단으로 흘러가기 때문이다.

이것은 불교 종단뿐만 아니라 한 절에 있어서도 마찬가지이다. 법이 가장 뛰어난 분으로 그 절의 운영이 이루어져야 바른 운영이 이루어진다. 그래서 선을 꽃피웠던 중국에서도 56조 석옥 청공 선사에 이르기까지 대대로 공부가 가장 많이 된 분인 조실이 주지를 겸하여 절 일을 보셨다.

조실과 주지가 다른 분이 아니었으니, 이판과 사판이 나뉘어지지 않았다.

이판을 운용하는 것이 사판이기 때문에, 이판과 사판은 본래 나뉠 수 없는 것이다. 이판에 있어서 깨달은 분이어야 하는 것처럼, 사변을 운용하고 다스리는 사판에 있어서도 다를 수 없다고 본다.

일체유심조, 마음이 세계를 빚어내듯 모든 이치를 운용하는 지혜가 있어야 사변에 있어서도 자유자재의 운영이 가능하기 때문이다.

일체 모든 진리를 설한 경전과 일체 모든 실천규범을 정한 율로 이사일치의 수행을 현실화했던 석가모니 부처님, 무위도식하거나 말로만 떠드는 수행을 경계하여 '일일부작이면 일일불식하라'는 승가의 규율을 통해 일상 그대로인 선을 꽃피우고자 했던 백장 선사, 생생히 살아 숨쉬는 불법의 역사 어디에도 이판과 사판이 나뉘었던 적은 없었다.

불법은 이름 그대로 부처님의 법이다.

부처님 당시의 법이 오늘에 되살려져, 항상한 이치가 응하여 모자람 없는 다양한 방편으로 변주되어, 만인의 삶이 불법의 가피와 축복 속에 꽃피고 열매 맺을 수 있도록, 불교 종단의 운영은 반드시 깨달아 일체종지를 통달한 분에 의해 이루어져야 한다고 본다.

조계종을 육조정맥종이라고 이름한 이유 

불법이 석가모니 부처님으로부터 28대 달마 대사에 이르러 동토에 전해지고 다시 33조인 육조 대사에 의해 가장 활발하고 왕성한 황금시대를 이루었다. 그래서 우리나라의 정통 불교 종단에 조계종이라는 이름이 붙여진 것이다. 육조 대사께서 생전에 조계산에 주하셨고, 대부분의 선사들의 호로 계신 곳의 지명이나 산 이름으로 쓰였기 때문이다.

그러므로 조계종의 조계란 육조 대사를 의미하고, 조계종이란 결국 육조 대사의 법을 의미하며 조계종단은 육조 대사의 법을 받아 이어가는 종단이다.

그러나 조계는 육조 대사께서 정식으로 스승에게 받은 호가 아니다. 호는 당호라고도 하는데, 대부분 스승이 제자를 인가하며 주는 것이다. 종사와 법을 거량하여 종사로부터 인가를 받고 입실건당의 전법식을 할 때에 당호와 가사, 장삼, 전법게 등을 받는다. 이때, 위에서 말하였듯 주로 그가 살고 있는 절 이름, 또는 지명, 그가 거처하던 집 등의 이름을 취하여 호로 삼는 경우가 많다. 그런데 육조 대사께서 조계산에 주하시기는 하였으나 스승인 오조 홍인 대사는 육조 대사에게 조계라는 호를 내린 적이 없다. 또 육조 대사 역시 생전에 조계라는 호를 쓴 적이 없다.

대부분의 사전에 육조 대사를 조계 대사라고도 한다고 되어 있는데, 이것은 후대인들이 지어 부른 것이다. 만약 '조계'를 육조 대사를 지칭하는 공식적인 명칭으로 쓴다면 이것은 후대인들이 선대의 대선사의 호를 지어 부르는 격이 되니 참으로 예에 맞지 않다고 할 것이다.

이러한 이유에서 조계종이라는 이름이 불교종단의 정식이름으로 적합하지 않다고 보았고, 또한 육조 대사의 법을 이어받아 바르게 펴는 곳이라는 의미를 담기에 가장 적당하여 육조정맥종이라 이름하였을 뿐, 수덕사 문중 전강 선사님의 인가를 받아 석가모니 부처님으로부터 근대의 대선지식인 경허, 만공, 전강 선사로 이어진 법맥을 이은 이로서 따로이 새로운 종단을 설립한 것이 아니다. 그렇기에 출가함에 있어서 불필요한 논쟁의 소지를 없애기 위해 육조정맥종이라고 이름한 이유와 스스로 한 번도 결제, 해제, 연두법어를 내리지 않았던 까닭이 따로 새로운 종단을 설립한 것이 아니었기 때문이라는 것을 밝히는 바이다.

자경(自警)

자경이란 마음이나 행동을 스스로 경계하여 주의하는 것이다.

최고의 스승은 자기 자신에게 있다. 자경이야말로 최고의 스승이 아닐 수 없다. '과연 이 순간에 생사의 기로에 놓인다면 스스로 호흡을 거두기를 뜻대로 자재할 수 있는가' 언제나 이렇게 비추어본다면, 깨달은 이라 해도 생사대사의 일을 마치는 날까지 머무를 수 없을 것이다.

보살행

자리이타의 보살행은 특별한 분만이 할 수 있는 것이 아니다. 수행자라면 누구나 자기 분상에서 한 걸음 더 나아가 베푸는 보살행이 있어야 한다. 이것이 부처님께서 말씀하시는 대승, 최상승의 길이다. 한시도 머물지 말고 항상 움직여 써서 만인과 만물을 이롭게 하라.

희비송(喜悲頌)

이름도 없고 상도 없는 일 없는 사람이
태평의 노래를 흥에 취해 불렀더니
때도 없고 끝도 없는 구제의 일이
대천세계에 충만히 펼쳐졌네

無名無相無事人
太平之歌唱興醉
無時無端救濟事
大千世界布充滿

정신송(正信頌)

이름도 없고 상도 없는 이 바탕인 몸이여
이 바탕을 깨달은 믿음이라야 바른 믿음이라
이와 같은 믿음이 없이는 마음이 나라 말라
눈 광명이 땅에 떨어질 때 한이 만단이나 되리라

無名無相是地體
悟地之信是正信
若無是信莫心我
眼光落地恨萬端

진심송(眞心頌)

이름도 없고 상도 없는 이 진공이여
공이라는 공은 공이라 함마저도 없는 참 바탕이라
이와 같은 바탕이라야 이 공인 몸이니
이와 같은 몸이 아니면 참다운 마음이 아니니라

無名無相是眞空
空空無空是眞地
如是之地是空體
如是非體非眞心

업신송(業身頌)

업의 몸이란 것은 고통의 근본이요
업의 마음이란 것은 환란의 근본이니라
업의 행이란 것은 다툼의 근본이요
업의 일이란 것은 허망의 근본이니라

業身乃苦痛之本
業心乃患亂之本
業行乃鬪爭之本
業事乃虛妄之本

보림송(保任頌) 1

업의 몸을 다스리는 데는 계행이 최상이요
업의 마음을 다스리는 데는 인내가 최상이니라
계행과 인내로 잘 다스리면 보림이 순조롭고
보림이 잘 이루어지면 구경에 이르느니라

治業身之戒最上
治業心之忍最上
善治戒忍順保任
善成保任至究竟

보림송(保任頌) 2

육신의 욕망은 하나까지라도 모두 버려야 하고
육신을 향한 생각은 남음이 없이 버려야 하느니라
이와 같이 보림하면 업이 중한 사람일지라도
당생에 반드시 구경지를 성취하리라

肉身欲望捨都一
肉身向思捨無餘
如是保任重業人
當生必成究竟地

공성본질송(空性本質頌) 1

무극인 빈 성품의 본래 몸은
언어나 마음과 행위로 표현 못 하나
모든 부처님과 만물이 이로 좇아 생겼으며
궁극에는 일체가 돌아가 의지할 곳이니라

無極空性之本體
言語道斷滅心行
諸佛萬物從此生
窮極一切歸依處

공성본질송(空性本質頌) 2

혼연한 빈 바탕을 이름해서 무아라 하고
무아의 다른 이름이 이 무극이니라
유정 무정이 이로 좇아 생겼으며
궁극에는 일체가 돌아가 의지할 곳이니라

渾然空地名無我
無我異名是無極
有情無情從此生
窮極一切歸依處

공성본질송(空性本質頌) 3

이러-히 밝게 사무친 것을 이름해서 견성이라 하고
이 바탕에 밝게 사무쳐야 바르게 깨달은 사람이니
도를 닦는 사람은 반드시 명심해서
각자 관조하여 그릇 깨달음이 없어야 하느니라

如是明徹名見性
是地明徹正悟人
修道之人必銘心
各者觀照無非悟

명정오송(明正悟頌) 

밝지도 어둡지도 않은 곳을 향해서
그윽한 본래의 바탕에 합하여야
이것을 진실한 깨달음이라 하는 것이니
그렇지 않다면 바른 깨달음이 아니니라

向不明暗處
冥合本來地
此是眞實悟
不然非正悟

무아송(無我頌) 

중생들이 말하는 무아라는 것은
변하고 달라지는 나를 말하는 것이요
깨달은 사람의 무아는
변하지 않는 나를 말하는 것이다

衆生之無我
變異之言我
悟人之無我
不變之言我

태시송(太始頌)

탐착한 묘한 광명에 합한 것이 상을 이루었고
상에 집착하여 사는데서 익힌 것이 모든 업을 이루었다
업을 인해서 만반상이 생겨 나왔으며
만상으로 해서 만반법이 생겨 나왔다

貪着妙光合成相
執相生習成諸業
因業生出萬般象
萬象生出萬般法

21세기에 인류가 해야 할 일

이 사람은 1962년 26세 때부터 21세기에 인류에게 닥칠 공해문제, 에너지문제를 예견하고 대체에너지(무한원동기, 태양력, 파력, 풍력 등) 개발과 '울 안의 농법'을 연구하고 그 필요성을 많은 이들에게 이야기해 왔습니다.

당시에는 너무 시대를 앞서가는 이야기여서인지 일반인들이 수용하지 못하고 오히려 불신의 눈으로 바라보며 이 사람의 법마저 의심하였습니다. 하지만 현대에 있어서는 이것이 인류가 해결해야 할 가장 절박한 사안이 되어 있습니다.

'사막화방지 국제연대'를 설립한 것도 현재 인류가 해결해야 할 가장 절박한 지구환경문제를 이슈화시키고 그 해결책을 제시하여 재앙에 직면한 지구촌을 살리기 위해서입니다.

'사막화방지 국제연대'에서 추진하고 있는 사막화 방지, 지구 초원

화, 대체에너지 개발은 온 인류가 발 벗고 나서서 해야 할 일입니다.

첫 번째 사막화 방지에 있어서 기존에 해왔던 '나무심기 사업'은 천문학적인 예산과 많은 인력을 동원하고도 극도로 황폐한 사막화된 환경을 되살리는 데 실패하였습니다.

그래서 이 사람은 사막화 방지에 있어서는 '사막 해수로 사업'을 새로운 방안으로 제시하였습니다.

사막 해수로 사업은 사막화된 지역에 수도관을 매설하여 바닷물을 끌어들여서 염분에 강한 식물을 중심으로 자연생태계를 복원하는 사업입니다.

이것은 나무심기 사업으로 심은 나무들이 절대적으로 물이 부족하여 생존할 수 없었던 문제를 해결할 수 있는, 현재로서는 유일한 해결책입니다.

그러나 '사막화방지 국제연대'의 목적은 사막이 확장되는 것을 방지하자는 것이지 사막 전체를 완전히 없애자는 것은 아닙니다. 인체에서 심장이 모든 피를 전신의 구석구석까지 골고루 보내어 살아서 활동하게 하듯이 사막은 오히려 지구의 심장 역할을 하는 중요한 곳이기 때문입니다.

그래서 21세기에 있어서는 다만 사막의 확장을 방지할 뿐 아니라 사막을 어떻게 운용하느냐를 연구해야 합니다.

사막에 바둑판처럼 사방이 막힌 플륨관 수로를 설치하여 동, 서, 남, 북 어느 방향의 수로를 얼마만큼 채우느냐 비우느냐에 따라, 사막으로부터 사방 어느 방향으로든 거리까지 조절하여, 원하는 지역에 비를 내리게 하고 그치게 할 수 있습니다. 철저히 과학적인 데이터에 의해 이렇게 사막을 운용함으로써 21세기의 지구를 풍요로운 낙원시대로 만들어가야 합니다.

두 번째로 지구를 초원화할 수 있는 방안으로 3년간의 실험을 통해, 광활한 황무지 지역을 큰 비용을 들이거나 많은 인력을 동원하지 않고도 짧은 시간 내에 초지로 바꿀 수 있는 식물을 찾아냈습니다.

그것은 바로 '돌나물'입니다. 돌나물은 따로 종자를 심을 필요가 없이 헬리콥터나 비행기로 살포해도 생존, 번식할 수 있으며, 추위와 더위, 황폐한 땅에서도 살아남을 수 있는 생명력과 번식력이 강한 식물입니다.

지구환경을 되살리는 초지조성 사업에 있어서 이것이 큰 도움이 되리라 생각합니다.

세 번째의 대체에너지 개발에 있어서는 태양력, 파력, 풍력 등 1962년도부터 이 사람이 연구하고 얘기해왔던 방법들이 이미 많이 개발되어 실용화한 단계에 있습니다.

이 세 가지 일은 한 개인이나 한 국가가 할 수 있는 일이 아닙니다. 모든 국가가 앞장서서 전세계적인 사업으로 이루어져야 합니다. 모든 국가가 함께 하는 기금조성이 이루어져야 하고 기금조성에 참여한 국가는 이 시스템에 의한 전면적인 혜택을 입을 수 있도록 해야 합니다.

인류 모두가 지혜를 모아 이 일에 전력을 다한다면 인류는 유사 이래 가장 좋은 시절을 맞이하게 될 것이며, 만약 이 일을 남의 일인 양 외면한다면 극한의 재앙을 면할 수 없을 것입니다.

이 사람이 오래 전부터 얘기해왔던 '울 안의 농법'은 이미 미국 라스베이거스(Las Vegas)에서 30층짜리 '고층 빌딩 농장'으로 구현되었습니다. 그렇게 크게도 운영될 수 있지만 각자 자신의 집에서 이루어지는 '울 안의 농법'도 필요합니다.

21세기에 있어서 또 하나 인류가 만일의 사태를 대비해서 연구, 추진해야 될 일이 있다면 바닷속에서의 수중생활, 수중경작입니다.

지구 온난화가 심화될 경우, 공기가 너무 많이 오염될 경우, 바닷물이 높아져 살 땅이 좁아질 경우 등에 대비할 때, 인류는 우주에서의 삶보다는 바닷속에서의 삶을 준비해야 합니다. 왜냐하면 그것이 훨씬 수월하고 비용도 절감할 수 있기 때문입니다.

이렇게 깨달은 이는 이변적으로는 깨달음을 얻게 하여 영생불멸의 삶을 영위할 수 있도록 만인을 이끌어야 하며 사변적으로는 일반인이 예측할 수 없는 백 년, 천 년 앞을 내다보아 이를 미리 앞서 대비하도록 만인의 삶을 이끌어줘야 한다고 생각합니다.

불법의 뜻은 다만 진리 전수에만 있는 것이 아니니, 만인이 서로 함께 영원한 극락을 누릴 때까지 물심양면으로, 이사일여로 베풀어 교화해야 하기 때문입니다.

가슴으로 부르는 불심의 노래

여기에 실린 가사는 모두 농선 대원 선사님께서 직접 작사하신 것이다. 수행의 길로 들어서게끔 신심, 발심을 북돋아주는 가사로부터 수행의 길로 접어든 이의 구도의 몸부림이 담겨있는 가사, 대승의 원력을 발해서 교화하는 보살의 자비심과 함께 낙원세계를 누리는 풍류를 그려놓은 가사까지 한마디, 한마디가 생생하여 그 뜻이 뼛속 깊이 새겨지고 그 멋에 흠뻑 취하게 된다. 농선 대원 선사님께서는 거칠고 말초적인 요즘의 노래를 듣고 이러한 정서를 순화시키고자, 또한 수행의 마음을 진작시키고자 하는 뜻에서 이 가사들을 쓰셨다.

그래야지

1.
마음으로 물질로써
갖가지로 베푸는 것
생활화한 국민되어
이뤄내는 국가되세
그래야지 그래야지
얼씨구나 좀 더 좋다

그런 이웃 그런 나라
이뤄내서 사노라면
모든 나라 따르리니
그리되면 지상낙원
그래야지 그래야지
얼씨구나 좀 더 좋다

별중의 별 될 것이니
선조의 뜻 이룸이라
후손으로 할 일 해낸
자부심이 치솟누나
그래야지 그래야지
얼씨구나 좀 더 좋다

얼씨구야 절씨구야
좀 더 좋고 좀 더 좋다
얼씨구야 절씨구야
좀 더 좋고 좀 더 좋다

아리랑 아리랑 아라리요
아리랑 고개를 넘어간다

2.
그래야지 그래야지
혼자 삶이 아닌 세상
웬만하면 넘어가는
아량으로 살아가세
그래야지 그래야지
얼씨구나 좀 더 좋다

부딪히면 틀어져서
소통의 길 막히나니
그러므로 눈 감아줘
참는 것이 상책일세
그래야지 그래야지
얼씨구나 좀 더 좋다

걸린 생각 비워내서
한결같이 사노라면
복이되어 돌아옴을
실감할 날 있을 걸세
그래야지 그래야지
좀 더 좋고 좀 더 좋다

얼씨구야 절씨구야
좀 더 좋고 좀 더 좋다
얼씨구야 절씨구야
좀 더 좋고 좀 더 좋다

아리랑 아리랑 아라리요
아리랑 고개를 넘어간다

마음

1.
시작도 없는 마음
끝남도 없는 마음

온통으로 드러나
언제나 같이 있어

어떤 것도 가릴 수
전혀 없는 그 마음

고고하고 당당한
영원한 마음일세

아리랑 아리랑 아라리요
아리랑 고개를 넘어간다
청천 하늘에 잔별도 많고
요내 가슴에는 희망도 많다

2.
모두를 마음으로
시도를 뭐든 해봐

안되는 일 없어서
사는 데 불편없고

하고프면 하면 돼
뜻 펼치는 삶이니

즐겁고도 즐거운
누리는 삶이로세

아리랑 아리랑 아라리요
아리랑 고개를 넘어간다
청천 하늘에 잔별도 많고
요내 가슴에는 희망도 많다

사는게 아리랑 고개

1.
이 마음이 내가 되니
나고 죽음 본래 없고
이리 보고 저리 봐도
허공까지 내 몸일세
신기하고 신기하다
신기하고 신기해

이 마음이 내가 되니
안 되는 일 전혀 없어
잡된 생각 사라지고
두려움도 없어졌네
신기하고 신기하다
신기하고 신기해

이 마음이 내가 되니
끝이 없이 자유롭고
잠 못 이룬 괴로움과
공황장애 흔적 없네
신기하고 신기하다
신기하고 신기해

아리랑 아리랑
아라리요
아리랑 고개를 넘어왔다

2.
이 마음이 내가 되니
맘 먹은 일 순조롭고
살아가는 나날들이
마음광명 누림일세
신기하고 신기하다
신기하고 신기해

이 마음이 내가 되니
마음광명 누림이라
나날들이 평화롭고
자신감이 넘쳐나네
신기하고 신기하다
신기하고 신기해

이 마음이 내가 되니
대인관계 순조로와
일일마다 즐거웁고
웃음꽃이 피어나네
신기하고 신기하다
신기하고 신기해

아리랑 아리랑
아라리요
아리랑 고개를 넘어왔다

불보살의 마음

1.
자비, 그 자비는 눈물이었네
불나방이 불을 좇듯 가는 이
그래도 못 잊어서 버리지 못해
저리는 저리는 가슴, 그 가슴 안고서
눈물, 피눈물로 저리 부르네

2.
자비, 그 자비는 눈물이었네
제 살 길을 저버리는 이들을
그래도 못 잊어서 버리지 못해
저리는 저리는 가슴, 그 가슴 안고서
눈물, 피눈물로 저리 부르네

나의 노래

1.
노세 노세 봄놀이하세
대천세계 이 봄 경치
한산 습득 친구 삼아
호연지기 즐겨볼까
얼씨구나 절씨구
아니나 즐기고 무엇하리

2.
노세 노세 봄놀이하세
걸음 좇아 이른 곳곳
문수 보현 벗을 삼아
화엄광장 춤춰볼까
얼씨구나 절씨구
아니나 즐기고 무엇하리

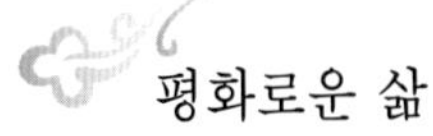

평화로운 삶

1.
이 몸을 나로 아는
하나의 실수로서
우주가 생긴 이래

얼마나 많은 고통
겪어들 왔었던가
치떨린 일이로세

뭘 해야 그 반복을
금생에 끊어버려
그 고통 벗어날까

생각코 생각하니
그 해결 내게 있네
마음이 나 된걸세

아리랑 아리랑 아라리요
아리랑 고개를 넘어간다
청천 하늘엔 잔별도 많고
이내 가슴엔 희망도 많다

2.
마음이 내가 되면
그 어떤 것이라도
더 이상 필요찮고

마음이 내가 되면
미묘한 갖은 공덕
스스로 갖춰 있고

마음이 내가 되면
그 모든 근심 걱정
씻은 듯 사라지고

마음이 내가 되면
이 생과 저 세상이
당초에 없는 걸세

아리랑 아리랑 아라리요
아리랑 고개를 넘어간다
청천 하늘엔 잔별도 많고
이내 가슴엔 희망도 많다

3.
마음이 내가 되면
어제와 내일 일을
눈 앞 일 알 듯하고

마음이 내가 되면
신분이 관계 없이
서로가 평등하며

마음이 내가 되면
모든 일 뜻을 따라
원만히 이뤄지고

마음이 내가 되면
걸림이 없는 그 삶
저절로 이뤄지네

아리랑 아리랑 아라리요
아리랑 고개를 넘어간다
청천 하늘엔 잔별도 많고
이내 가슴엔 희망도 많다

믿음으로 여는 세상

1.
우리들 모두가 부처님 의지해 활짝 열린 가슴으로써
다 같이 도와서 살아들 간다면 훈풍 같은 앞날이리라
아! 즐겁게 즐겁게 마음을 다스려 참모습을 이루노라면
정토의 세상이 우리를 맞으리 우리 모두 기도합시다
다 같이 기도합시다

2.
우리들 모두가 참선을 할 때는 모두 비워 명경지수로
참나를 관조해 실경에 사무쳐 깨달아서 활짝 웃는 날
아! 즐겁게 즐겁게 법담을 함으로 꽃피울 걸 맹세를 하고
정진에 정진을 정진에 정진을 우리 모두 실천합시다
다 같이 실천합시다

잘 사는 게 불법일세

1.
잘 사는 게 불법일세
우리 모두 관음보살 지장보살 생활 속에 모시면서
마음 비운 나날들로 바른 삶을 하노라면
불보살님 가피 속에 뜻 이뤄서 꽃을 피운
그런 날이 있을 걸세

2.
잘 사는 게 불법일세
우리 모두 관음보살 지장보살 생활 속에 모시면서
마음 비워 살아가며 시시때때 잊지 않고
참나 찾아 참구하는 그 정성도 함께하면
좋은 소식 있을 걸세

3.
잘 사는 게 불법일세
우리 모두 관음보살 지장보살 생활 속에 모시면서
틈틈으로 회광반조 사색으로 참나 깨쳐
화장세계 장엄하고 얼쉬얼쉬 어울리며
영원토록 웃고 사세

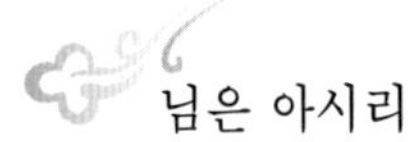

님은 아시리

1부

1.
사계절의 풍광인들 위로되겠니
서사시의 음률인들 쉬어지겠니
뜻과 같이 되지 않아 기도에 젖은
이 마음 님은 아시리
한 세상 열정 쏟아 닦는 수행길
불보살님 출현하셔 베푼 자비에
모든 망상 모든 번뇌 없었으면 좋으련만
마음대로 안 되는 게 수행이더라, 수행이더라

2.
사계절의 풍광인들 위로되겠니
서사시의 음률인들 쉬어지겠니
뜻과 같이 되지 않아 기도에 젖은
이 마음 님은 아시리
청춘의 모든 욕망 사뤄버리고
회광반조 촌각 아낀 열정 쏟아서
이룬 선정 그 효력이 있었으면 좋으련만
마음대로 안 되는 게 보림이더라, 보림이더라

3.
사계절의 풍광인들 위로되겠니
서사시의 음률인들 쉬어지겠니
뜻과 같이 되지 않아 기도에 젖은
이 마음 님은 아시리
억겁의 모든 습성 꺾어보려고
갖은 노력 갖은 인내 온통 쏟아서
세월 잊은 보림 성취 있었으면 좋으련만
마음대로 안 되는 게 성불이더라, 성불이더라

2 부

1.
사계절의 풍광인들 비유되겠니
가릉빈가 음률인들 비교되겠니
뜻과 같이 자유자재 베풀어놓고
한없이 즐기시련만
그러한 대자유의 삶을 접고서
중생들을 구제하려 삼도에 출현
갖은 역경 어려움을 감내하는 자비로써
깨워주는 그 진리에 눈을 뜨거라, 눈을 뜨거라

2.
사계절의 풍광인들 비유되겠니
가릉빈가 음률인들 비교되겠니
뜻과 같이 자유자재 베풀어놓고
한없이 즐기시련만
억겁을 다하여도 끝이 없을 걸
알면서도 해내겠다 나선 님의 길
가시밭길 험난해도 일관하신 그 자비에
구류중생 깨달아서 정토 이루리, 정토 이루리

3.
사계절의 풍광인들 비유되겠니
가릉빈가 음률인들 비교되겠니
뜻과 같이 자유자재 베풀어놓고
한없이 즐기시련만
낙원의 모든 즐김 떨쳐버리고
삼악도를 낙원으로 이뤄놓겠다
촌각 아낀 그 열정에 모두 모두 감화되어
이 땅 위에 님의 소원 이뤄지리라, 이뤄지리라

선 승

토함산 소나무 위에
달빛도 조는데
단잠을 잊은 채
장승처럼 앉아있는
깊은 밤 선승의
그윽한 눈빛
고요마저 서지
못한 선정이라
대천도 흔적 없고
허공계도 머물 수 없는
수정 같은 광명이여,
화엄의 세계로세

우리 모두

우리 모두 만난 인생 즐겁게 살자
부딪치는 세상만사 웃으며 하자
인연으로 어우러진 세상사이니
풀어가는 삶이어야 하지 않겠니

몸종 노릇 하는 사이 맘 챙겨 살자
맑고 맑은 가을 허공 그렇게 비워
명상으로 정신세계 사무쳐보자
언젠가는 깨쳐 웃는 그날이 오리

한산 습득 껄껄 웃는 그러한 웃음
웃어가며 모든 일을 대하는 날로
활짝 펼쳐 어우러진 그러한 삶을
우리 모두 발원하며 즐겁게 살자

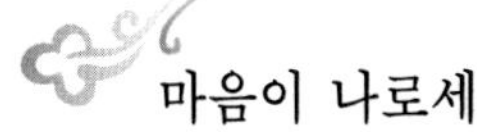

마음이 나로세

본래 마음이 나이건만
몸이 내가 된 삶이 되어
갖은 고통이 따랐다네
이리 쉽고도 쉬운 일을
어찌 등 돌린 삶으로서
고통 속에서 헤매는고

맘이 내가 된 삶으로서
갖은 고통이 없는 삶을
우리 누리고 살아보세
마음 수행을 모두 하여
나고 죽음이 없음으로
태평 세월을 누려보세

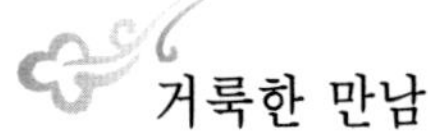

거룩한 만남

불법을 만난 건 행운 중 행운이고 내 생의 정점일세
거룩한 이 법을 만나는 사람이면 서로가 권하고 권을 하여
함께 하는 일상의 수행이 되어서 다 같이 누리는 낙원 이뤄
고통과 생사는 오간 데 없고 웃음과 평온만 넘치고 넘쳐
길이길이 끝이 없는 복락 누리세

여래의 큰 은혜 순간인들 잊으랴 수행해 크게 깨쳐
구제를 다함만 큰 은혜 갚음이니 노력과 실천 다해
우리 모두 씩씩한 낙원의 역군이 되어 봉화적인 이생의 삶으로써
최선을 다하여 부끄럼 없는 대장부로, 은혜 갚는 장부로
길이길이 끝이 없는 복락 누리세

사람다운 삶

1.
사람이 사람다운 사람이 되려면
명상으로 비우고 비워서
고요의 극치에 이르러
자신을 발견한 슬기로써
마음을 다스리는 연마 후에
그 능력으로 모두가 살아가야
평화로운 세상이 활짝 열려
모두 함께 누릴 걸세

2.
서로가 다툼 없이 서로를 아껴서
마음으로 베풀고 베푸는
사회로 이루어 간다면
낙원이 멀리만 있는 것이 아니라
살고 있는 이대로가 낙원이란 걸
모두가 실감하는
우리들의 세상이 활짝 열려
모두 함께 누릴 걸세

사는 목적

우리 모두 행복을 찾아 영원을 찾아
내면 향해 비춰보는 명상으로
앉으나 서나 일을 하나 최선을 다하세
하루의 해가 서산을 붉게 물들이고
합장 기도하여 또 다짐과 맹서의 말
뜻 이루어 이 세상의 빛이 돼서
구류를 생사 고해에서 구제하는 사람으로
영원히 영원히 살 것입니다

즐거운 마음

1.
우리 모두 선택받은 제자 되어
즐거운 맘 하나 되어 축하합니다
그 무엇을 이룬들 이리 좋으며
황금보석 선물인들 이만하리까
부처님의 가르침만 따르오리다
실천하리라 실천하리라

2.
부처님의 뒤 이을 걸 맹세하며
다짐으로 즐기는 맘 가득합니다
당당하게 행보하는 구세의 역군
혼신 다해 낙원 이룬 이 세계에서
함께 사는 즐거움을 생각하며
노래합니다 노래합니다

닮으렵니다

관세음보살 관세음보살
지극한 마음으로 닮으려고
오늘도 노력하며 주어진 일을 하면
하루가 훌쩍 가는 줄도 모른다오
관세음 관세음보살
님께서 베푸는 그 넓은 사랑을
이 맘 속에 기르고 길러서
실천하는 그런 장부 되어서
큰 은혜 갚을 겁니다

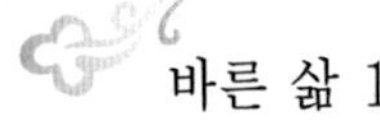

바른 삶 1

우리 삶을 두고서 허무하다 누가 말했나
본래 마음이 나 아닌가
그 마음 나를 삼아 살면 되지
지금도 늦지 않네 우리 모두
오늘부터 모두들 마음으로 나를 삼아
길이길이 웃고들 사세

바른 삶 2

1.
어디어디 어디라 해도
마음 찾아 바로만 살면
그곳 바로 극락이라네
세상분들 귀담아듣고
사람 몸을 가졌을 때에
모든 고비 극복해내서
참선으로 참나를 깨쳐
걸림 없는 해탈의 세상
누려보세 누려들 보세

2.
어두운 곳 태양이 뜨듯
중생계에 불타 출현해
바른 삶으로 인도하셔
복된 날을 기약케 하니
아니아니 좋고 좋은가
이 몸 주인 통쾌히 깨쳐
억겁 업을 말끔히 씻고
걸림 없는 해탈의 세상
누려보세 누려들 보세

수행과 깨침

1.
그릴 수도 없는 마음, 만질 수도 없는 마음
찾으려는 수행이라 모든 것을 다 버리고
모든 생각 비우기를 몇천 번이었던가
머리 터져 피 흘려도 멈출 수가 없는 공부
이 공부가 아니던가

2.
놓지 못해 우두커니 장승처럼 뭐꼬 하고 앉았는데
앞뒤 없어 몸마저도 공해버린 여기에서 이러-한 채
시간 간 줄 모른 채로 눈을 감고 얼마간을 지나던 중
한 때 홀연 큰 웃음에 화장계일세

걱정 말라

1.
걱정 말라 걱정을 말라 불보살님 말씀대로만 행한다면
안 풀리는 일 없다 하지 않았던가
육근으로 보시를 하며 웃고 살자 웃고들 살자
백년 미만 우리네 인생, 세상 만사 마음먹기 달렸다고
일러주시지 않았던가 걱정을 말라

2.
이리 봐도 저리를 봐도 모두모두 내 살림일세
간섭할 수 없는 내 살림 아니아니 그러한가
이리 펼치고 저리 펼쳐 육문으로 지은 복덕
베푸는 맛이 아니 좋은가 우리 사는 지구인 별 함께 가꿔
낙원으로 만들어서 살아들 보세

정한 일일세

우리네 삶이란 것
풀끝 이슬 아니던가
서로서로 위로하고 아끼면서
우리 모두 착한 삶이
이어져 가노라면
언젠가는 행복한
그날이 우리에게
찾아오는 것 정한 일일세
찾아오는 것 정한 일일세

여기가 낙원

참나 찾아 영원을 향해
한눈 안 팔고 노력하고
가정 위해 사회를 위해
뛰고 뛰고 혼신을 다한
나의 노력 결실이 되어
일상에서 누리는 나날
선 자리가 낙원이 되니
초목들도 어깨 춤추고
산새들도 축하를 하네

따르렵니다

1.
우리 모두 합장 공경 하옵니다
크고 작은 근심 걱정 씻어주려
우릴 찾아 오셨으니 감사합니다 고맙습니다

2.
우리 모두 손에 손을 맞잡고서
즐거웁게 노래하고 춤을 추며
우리에게 오신 님을 경하합니다 축하합니다

3.
우리들의 깊은 잠을 깨워주셔
영생불멸 낙원의 삶 누리게끔
해주시려 오신 님을 공경합니다 따르렵니다

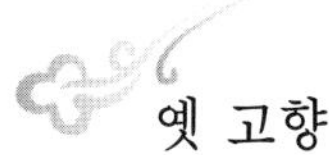

옛 고향

고향 옛 고향이 그리워 거니는 산책에
고요한 달빛 휘영청 밝고 밤새는
그 무슨 생각에 저리 부르는 노래인데
숲 타고 온 석종소리에 열리는 옛 내 고향
그리도 캄캄하던 생각들은 흔적도 없고
고요한 마음 옛 고향 털끝만큼도
가리운 것이란 없었는데
어찌해 그 무엇에 어두웠던고 고향길 옛 내 고향
나는 따르리라 끝없는 일이라 하여도
님 하신 구제 고난과 역경
그 어떤 어려움 닥쳐도
님 하시는 일이라면 멈추는 일 없을 것일세
이것만이 보은이라네 보은이라네

지장보살

지장보살 두 눈의 흐르는 눈물
마르실 날 언제일까 생각하고 또 생각해도
이 세상의 사람들이 멀어지게만 하고 있네요
보살님 어찌해야 하오리까
반야의 실천으로 최선 다해 돕는다면
안 되는 일 있으리까
대원본존 지장보살 나무 지장보살
얼씨구나 절씨구나 한 판 놀음 덩실덩실 살아들 보세

곰탱이

곰탱이 곰탱이 미련 곰탱이
세상 사람 요구 따라 다 들어준
사람더러 곰탱이라네
요구 따라 따지지 않고
들어주기 바쁜 이를 놀려대며 하는 말
곰탱이 곰탱이 미련 곰탱아
그리 살다간 끝내는 빌어먹을 쪽박마저
없겠구나 미련 곰탱아
그래도 덩실덩실 추는 춤을
보며 깔깔 웃는 사람들아
웃는 자신 모르니 서글퍼 내 하는 말
한 판의 꿈속이라 천금만금 쓸데없네
깔깔 웃는 그 실체를 자신 삼아 사는 삶이 되길
바라고 바라는 곰탱이 춤이로세

나는 바보

나는 바보다 나는 바보야
역지사지 알다보니 바보가 되었네
그렇지만 내 주위는 언제나 웃음이 있고
나눔이 있어 행복하다네
나는 나는 그런 바보야
나는 나는 그런 바보야

즐겁게 살자

나를 찾아 행복을 찾아
내면 향한 명상으로 비춰보며
오늘도 최선을 다한 하루해가 져가네
노을빛 곱게 물이 들고 내 꿈도 이뤄져간다
생각만 하여도 보람찬 미소를 짓는다
세상만사 별것이더냐
서로서로 도와가며 살면서
틈틈이 내면 향한 명상으로
몸 건강 마음 건강 챙기며 사노라면
참나 깨친 박장대소도 짓고
세상 고별 마음대로 하는 날도 있을 걸세
그런 날을 기대하며 일하고 명상하며
하루하루 즐겁게 살자

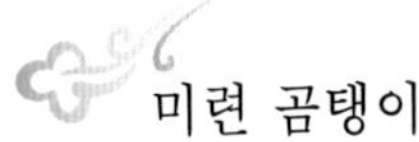

미련 곰탱이

나는 나를 모르는 곰탱이 곰탱이 미련 곰탱이
나라는 나를 보고 듣는 그거라고 보여주듯 일러줌에
동문서답 일관하는 곰탱이 곰탱이 미련 곰탱이
그러므로 성현들의 천하태평 무릉도원 못 누리고
고생고생 살아가는 곰탱이 곰탱이 미련 곰탱이
그런 삶을 면하려면 나라는 나를 깨달아라
자상하게 이끈 말씀 이행 못한 곰탱이 곰탱이 미련 곰탱이
귀천 없이 이끌어서 선 자리가 안양낙원 되게 하신
말씀을 이행 못한 곰탱이 곰탱이 미련 곰탱이
궁전 낙을 저버리시고 고행 수도 다하셔서
나란 나를 깨침으로 영생의 낙원으로 이끄셨네
이 기회를 놓친다면 다시 만나기 어려웁고 어려우니
칠야삼경 봉화 같은 그 지혜의 광명 받아
각자 것이 되게 하란 그 말씀을
실행 못한 곰탱이 곰탱이 미련 곰탱이
그 지혜의 이끔 받아 각자 경지 이러-히 되는 날엔
백사 만사 무엇이든 뜻대로 이뤄진다 권한 말씀
실행 못한 곰탱이 곰탱이 미련 곰탱이
눈앞의 그 작은 것 쫓다가 영원한 삶의 낙 놓치지 않으려면
나란 나를 꼭 깨달으란 귀한 말씀
실행 못한 곰탱이 곰탱이 미련 곰탱이
금구 성언 귀담아듣지 않고 흘려듣다간
백 년도 못 채운 후회막심 삶 되리니
새겨듣고 새겨들어 실천하란 그 말씀
실행 못한 곰탱이 곰탱이 미련 곰탱이
실천하여 깨닫고 박장대소 하는 날엔
삼세 성현 모두모두와 곰탱이 곰탱이가
누리 안은 광명 놓네 누리 안은 광명 놓아 삼창을 할 거라네

부처님의 말씀

부처님 말씀은 하나하나 자비더라
그러기에 불자들은 온화하고 선하더라
부처님 가르치는 이치는 흐르는 물이고
서늘한 산바람이며 봄꽃 향기요
심금을 울리는 연주요 노래요
포근한 어머니의 사랑이더라
바다처럼 넓고 넓은 자비의 품이더라
포근하고 온화한 그 가르침 하나하나
이치에 어긋남이 없으신 진실이더라
모두모두 다 함께 우리 모두 닮자구요
모두모두 다 함께 우리 모두 닮자구요
모두모두 다 함께 우리 모두 닮자구요
어쩌다 어쩌다 이런 가르침을 만났는지
이 다행 이 요행 헛되이 하지 않아
이 생에 깨달아서 이 크고 큰 은혜
갚는 일에 소홀하지 않으리라
감사합니다 감사합니다 우리 부처님
당신의 후예들마저도 유일하게
전쟁 같은 일들은 일으키지 않습니다
사랑하라 하면서 용서하라 하면서
사람이 사람을 죽이는 일
파리 목숨 취급하듯 하는 일이
있어서야 되겠습니까
혹시라도 이런 일이 종교에 있어서는
절대로 안 되는 일이라 믿습니다
관세음보살 나무아미타불
우리 모두 서로가 서로를 아끼고
사랑합시다 사랑합시다 사랑합시다

행복이란

즐거웁게 즐겁게
살아가면 좋잖아
한 번뿐인 인생인데
모두 활짝 웃어요
신이 나게 웃어요
행복이란 돈과 직위에
있는 것 아니라네
행복이란 그 어떤 마음으로
사느냐에 있다네
다 같이 다 같이 웃어들 봐요
그 웃음 타고 행복이 오네
짧은 인생살이 이렇게
만들어가며 살아들 보세

화엄의 세계

1.
각자 마음 깨닫고 봐요
누리 그 모두가 장엄이네 장엄, 빛의 장엄
어느 하나 마음의 장엄 아닌 게 없네, 없어
다함 없고 끝이 없는 보고 듣는 마음 하나 바로 쓰면
이대로가 무릉도원 화엄의 세계로세

2.
보고 듣고 느끼고 생각하는
그 모든 것 장엄이네 장엄, 빛의 장엄
어느 하나 빛의 장엄 아닌 게 없네, 없어
다함 없고 끝이 없는 보고 듣는 마음 하나 바로 쓰면
이대로가 화장세계 장엄의 세계로세

두고두고 할 일

아미타불 사유를 깊이깊이 하여서
하늘땅 생긴 이래 오늘에 이르도록
크나큰 은산철벽 너머 일처럼
까마득히 모르던 나를 깨달았으나
모양 빛깔 없어서 쥐어줄 수도
보여줄 수도 없는 일이라서
입은 옷 뒤집어 보이듯 못하니 한이구나
그러나 보고 듣고 하는 바로 그것이니
마음눈을 활짝 열어 듣는 그곳 향해 살펴봐요, 살펴봐
하늘땅이 간 곳 없고 자신까지 사라진 데서
듣고 아는 그것 내가 아니던가
깊이깊이 참구해서 참나 찾아 결정신을 내리게나
다생겁의 윤회 중에 몸종 노릇 허사란 걸 경험하지 않았던가
그 깨달음에 비추어 세상 일에 응해가며
보림수행하는 일에 방심하지 않아서
구경각을 성취 후에 모든 류를 구제해서
큰 불은 갚음만이 두고두고 할 일일세, 두고두고 할 일일세

서로서로 나누면서

버들 푸르고 꽃 만발하고 나비 춤이더니
녹음이 우거지고 매미들의 노래 가득한 천지
울긋불긋 고운 단풍 어제인 듯한데 눈이 오네
우리 모두의 삶 저러하고 저렇지 않던가
보기도 아까웁고 소중한 형제 자매들이니
서로서로 나누면서 짧은 우리네 삶을 즐김으로 살아가세

좀도 좋다

듣는 나를 알지 못해 생활하는 그 가운데
알고파서 명상한데 어허 참말 이럴수가
창피하고 창피하다 창피하고 창피해

듣는 그 곳 살펴보면 허공처럼 텅텅비어
어찌해야 옳을지를 어허 참말 이럴수가
창피하고 창피하다 창피하고 창피해

허공처럼 비었으나 그게 듣고 대답하니
그게 바로 내 아닐까 어허 참말 이럴수가
창피하고 창피하다 창피하고 창피해

그러다가 깨달으니 나고 죽음 본래없는
온통 온통 나로구나 얼씨구야 절씨구야
좀도 좋고 좀도 좋다 좀도 좋고 좀도 좋아

맘이 나 된 삶을 사니 낙원 따로 없는 것을
멍청하게 살았구려 얼씨구야 저절씨구
좀도 좋고 좀도 좋다 좀도 좋고 좀도 좋아

꿈의 세계 창조했던 그 능력은 오직 하나
맘이 나된 때문일세 얼씨구야 저절씨구
좀도 좋고 좀도 좋다 좀도 좋고 좀도 좋아

이 마음이 내가 되니 천리 만리 시차없고
아니된 일 전혀 없네 얼씨구야 저절씨구
좀도 좋고 좀도 좋다 좀도 좋고 좀도 좋아

낙원의 삶 이 아닌가 영원의 삶 이 아닌가
맘이 나 된 삶을 사세 얼씨구야 저절씨구
좀도 좋고 좀도 좋다 좀도 좋고 좀도 좋아

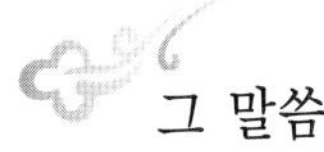

그 말씀

1.
님들의 고구정녕 그 말씀 맘에 새기세
그러면 오는 날엔 행복을 누리며
이웃들을 도우며 살리
개미처럼 개미처럼 개미처럼
개미처럼 개미처럼 개미처럼
개미처럼 개미처럼 개미처럼
이것저것 논하려 하지 말고 서로가
서로를 도와 세상을 이끄는 데 노력하면
이 세상의 그 어떠한 일일지라도
못 이룰 일 없을 것일세
꿀벌처럼 꿀벌처럼 꿀벌처럼
꿀벌처럼 꿀벌처럼 꿀벌처럼
꿀벌처럼 꿀벌처럼 꿀벌처럼

2.
님들의 가르침을 실행한 덕으로써
마음에 갖추어진 갖가지 능력을
부려 써서 누리는 삶을
개미처럼 개미처럼 개미처럼
꿀벌처럼 꿀벌처럼 꿀벌처럼
더불어 함께하면 별유천지 눈앞에 일이로세
이 모든 것이 참고 참아 극복해 이겨냈던
그 공덕의 결실이로세 그 공덕의 결실이로세
구름위의 백학처럼 구름위의 백학처럼 구름위의 백학처럼
함께누려 살아가세 함께누려 살아가세 함께누려 살아가세

일체유심조

듣는 나를 내가 보니 바탕 없는 그 몸에
갖은 묘용 지녀 있어 오고 감은 물론이요
일체 모두 지어내고 그걸 또한 응용하여
자유자재 그 능력 못하는 것 하나 없네
온 누리에 펼쳐놓고 어울려 누려사세
이리 좋은 자기능력 전혀 몰라 헤매이는
세상 사람 갖은 고통 몸종 노릇 결과이니
마음 나된 삶으로써 억겁 굴레 벗어나서
맘이 지닌 능력회복 한시 빨리 이루어서
영원한 본래 삶을 같이 누려 살아 가세
(아리랑후렴)

함께 이뤄 누립시다 함께 이뤄 누립시다
어화둥둥 좋고 좋아 얼씨구나 좋고 좋다
이 마음이 내가 된 삶 이렇게도 상상밖에
달라질 수 있을까 너무나도 달라져서
내자신이 놀라웁고 놀라워서 뭐라못해
조용하고 차분함 속 이 즐거움 말로 못해
온 누리를 선 자리서 볼 수 있는 능력이여
과거일을 알 수 있고 미래일을 예감하는
지혜능력 갖춰있어 실수란 것 없는 삶
꿈 세계도 창조하는 모두 지닌 능력이니
뜻 있으면 가능하니 이 아니 전능한가
(아리랑 후렴)

전능으로 베풀어서 모두 함께 즐겨가며
후세들을 깨우는 낙 함께 하는 삶이니
이 아니들 좀도 좋고 얼씨구나 좋고 좋다
이 능력과 이 힘이면 온 세상을 바꿔 놓는
그 어떠한 일이라도 어려울게 뭐 있으리
뜻 있으면 길이 있고 길 있으면 하면 되는
이리 좋은 그 방법이 맘이 나된 그거로세
이리 좋은 길을 두고 안할 사람 뉘 있으리
이 일만이 길이길이 행복누릴 길이로세
넓고 넓은 누리 정원 펼쳐 놓고 모두 함께
손에 손을 서로잡고 함께 누린 삶으로써
일상이 된 이런 삶이 맘이 나 된 결과로세
이런 일을 아니하고 그 무엇을 할것인가
모두 모두 맘이 나된 그 일 실천 꼭 하여서
태평세월 함께 누린 그런 삶을 누려보세
얼씨구나 좀도 좋고 절씨구나 좋고 좋다
(아리랑 후렴)

내 마음 내가 된 삶

1.
내 마음 내가 된 삶 모두들 살아봐요
신기하고 신기하다 신기하고 신기해(2번 반복)

내 마음 내가 되니 영원한 삶이로세
신기하고 신기하다 신기하고 신기해(2번 반복)

내 마음 내가 되니 안되는 일 없구나
신기하고 신기하다 신기하고 신기해(2번 반복)

아리랑 아리랑 아라리요 아리랑 고개로 넘어간다

2.
꿈 세계도 창조한데 무엇인들 안될건가
신기하고 신기하다 신기하고 신기해(2번 반복)

원근거리 상관없이 동시에 이르르니
신기하고 신기하다 신기하고 신기해(2번 반복)

산하석벽 걸림 없이 자유로이 오고가니
신기하고 신기하다 신기하고 신기해(2번 반복)

아리랑 아리랑 아라리요 아리랑 고개로 넘어간다

3.
상대방의 마음도 읽어낼 수 있으니
신기하고 신기하다 신기하고 신기해(2번 반복)

과거 현재 미래 일을 앞 일처럼 아는 능력
신기하고 신기하다 신기하고 신기해(2번 반복)

내 마음 내가 되면 이런 자유 누려사니
신기하고 신기하다 신기하고 신기해(2번 반복)

아리랑 아리랑 아라리요 아리랑 고개로 넘어간다

4.
온 누리의 모든 사람 이 행복을 누립시다
신기하고 신기하다 신기하고 신기해(2번 반복)

가족처럼 어우러져 모두 모두 누린 일상
신기하고 신기하다 신기하고 신기해(2번 반복)

이게 바로 낙원의 삶 누림이니 좋고 좋다
신기하고 신기하다 신기하고 신기해(2번 반복)

아리랑 아리랑 아라리요 아리랑 고개로 넘어간다

웃고 살자

1.
아하하하 우습다 아하하하 우스워 아하하하 우습다
제 그림자 모르고 저라 하는 사람 보고 아니 웃고 울랴
아하하하 우습다 아하하하 우스워 아하하하 우습다
여섯 도적 종노릇에 헌신하는 사람 보고 아니 웃고 울랴
아하하하 우습다 아하하하 우스워
저승세계 코앞인데 대비 없는 사람 보고 아니 웃고 울랴
아하하하 우습다 아하하하 우스워 아하하하 우습다
참나 찾지 아니하고 허송하는 사람 보고 아니 웃고 울랴
아하하하 우습다 아하하하 우스워 아하하하 우습다
아리랑 아리랑 아라리요
아리랑 고개를 넘어간다
나를 버리고 가시는 님은
십 리도 못 가서 되돌아온다

2.
좋은 인연 있었던가 거룩한 이 만나서 참나 찾은 이 행운이
즐겁고도 즐겁다 즐겁고도 즐거워 아하하하 즐겁다
이 행운을 나 혼자서 누리기에 아쉬워 인도하려 나섰는데
아라리요 아리랑 아라리가 났네
영원한 나 찾음으로 한순간에 성취한 낙원의 삶 권하나니
아하하하 우습다 아하하하 우스워 아하하하 우습다
즐겁고도 즐겁다 즐겁고도 즐거워 아하하하 즐겁다
우리 모두 다 함께 얼싸안고 누리는 그런 세상 노력하세
아리랑 아리랑 아라리요
아리랑 고개를 넘어간다
나를 버리고 가시는 님은
이내 가슴엔 희망도 많다

청천 하늘엔 잔별도 많고
이내 가슴엔 희망도 많다

사람 사는 이치

이 세상 사람들 사는 것
농부들 농사를 짓는 것과
조금도 다를 바 없는 이치이니
여러분 귀 기울여 들어보시오
얼씨구나 좋네 지화자 좋네 아니아니 그러한가

봄이 되면 깊이깊이 간직해 둔 씨곡식을
꺼내다 땅을 파고 다듬어서 골을 파고 뿌린 후에
오뉴월 찜더위에 구슬땀을 흘리면서
김을 매어 가꾸는 것은 엄동설한 추운 날에
사랑하는 부모님과 아내 자식들 모두
잘 지내게 하려는 깊은 뜻에서라네
얼씨구나 좋네 지화자 좋네 아니아니 그러한가

어떤 이가 말을 하기를 늘 현재만을 즐겁게 살자
강변함을 보았는데 좋은 말이기는 하지만
그 말은 자칫하면 희망이 없는 잘못된 말이라네
그러므로 내일을 위하여 오늘의 어려움을 즐기면서
밝게밝게 살아갑시다
얼씨구나 좋네 지화자 좋네 아니아니 그러한가

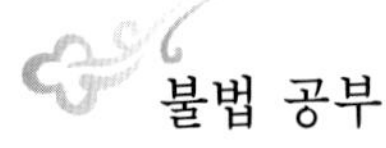

불법 공부

1.
이 세상 사는 분들께 권하오니 나를 찾는
이뭐꼬 화두 공부를 곰곰이 챙기고 챙겨
쉬지 않고 하다보면 하늘땅도 흔적 없이
사라지고 몸 없는 내가 환한 웃음 짓는 날이
있을테니 결정신을 내리어서 우리 함께
길이길이 누립시다

2.
불법 만난 이 다행을 그 무엇과 비교하랴
이 다행을 만났을 때 최선 다한 실행으로
금생에서 크게 깨쳐 불보살님 칭찬 받는
오후보림 필히 마쳐 중생 다한 그때까지
님의 은혜 갚을 것을 굳은 의지 맹서로써
다짐하고 다짐하세

3.
때가 없고 장소 없이 뜻을 따라 이뤄지는
이리 좋은 세상살이 본래부터 갖춰짐을
누리는 삶 우리 모두 일심동체 그리 되어
이 생 저 생 할 것 없이 얼씨구나 절씨구나
노래하고 춤도 추며 천생만생 누립시다
길이길이 누립시다

좋구나

좋구나
이곳이 어때서
낙원에 장소가 있나요

마음이 착하면
선 곳이 무릉도원
이런 삶이 참 삶이라네

미소를 지으며
손에 손을 잡고서
태평가를 모두들 불러요

우리들 이렇게
서로 만나 사는 것
백겁천생 인연이라네

세월아 맞춰라
내 즐기고 즐기며
함께하는 이들에게 위로를 하려네

불법

불법은 내게 있어 첫째도 둘째에도
내 삶의 이유이고 내 삶의 온통이며
마음의 광채이고 마음의 자비이며
자비의 실천이고 자비의 일상이며
희망의 꽃밭이고 희망의 피안이며
서원의 동력이고 서원의 자산이며
모두의 태평이고 모두의 영원일세

영원한 행복 찾기

1.
사람 사람마다
지닌 그 마음이
내가 된 삶으로
살아 가노라면
자연 알게 되네

둥글고 둥글게
모남없이 살자(3번 반복)

마음 먹은대로
하고 싶은대로
척척 이뤄지고
꿈을 창조하던
능력 부린 날도
멀지 않으리니

둥글고 둥글게
모남없이 살자(3번 반복)

노력 실천 다해
영원한 삶으로
영원한 행복을
함께 누려보세
함께 누려보세

둥글고 둥글게
모남없이 살자(3번 반복)

2.
사람 사람마다
맘을 깨달아서
맘이 내가 되면
평등 그 자체라
자연인이 되어

둥글고 둥글게
모남없이 살자(3번 반복)

서로 어울려서
나눈 인간미들
행복 그 자체며
오간 말들마다
온화한 그 체취

둥글고 둥글게
모남없이 살자(3번 반복)

차별없는 베품
풍족한 맘이고
가족같은 일상
낙원의 이 삶을
함께 누려보세
함께 누려보세

둥글고 둥글게
모남없이 살자(3번 반복)

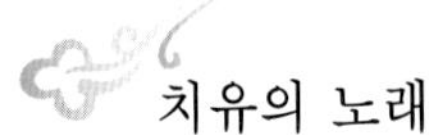

치유의 노래

1.
이 세상에 사는이여 맘이 나뒨
명상 한 번 해보기를 권하노니 생활하는
틈틈으로 실행하다 보노라면 산란한 맘 사라지고
대상없는 미소 속에 우울증과 신경성은 흔적없이 사라지니
내 내면의 무릉도원 누려 살게 될 것일세

2.
요즈음의 우울증과 신경성에 시달리는 모든 분들
사방에서 들려오는 모든 소릴 듣는 그 곳 비춰봐요
쉬운 일은 아니지만 포기 않고 실행하면 밖이 없는
고요롬의 그 세계서 체험하는 신천지의 행복누림
모두 함께 가져봐요

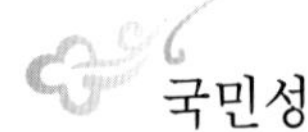

국민성

고마우신 우리국민
코로나를 이견낸 지혜로써
그 어떤 그 어떤 어려움도
서로 돕는 격려와 인내 다해
이겨 낼거다 이겨 낼거다

조상에서 조상으로
이어져온 국민의 지혜로써
그 어떤 그 어떤 어려움도
힘을 모아 해내는 인내 다해
이겨 낼거다 이겨 낼거다

내 말 좀 들어봐요

모두모두 내 말 좀 들어봐요
이 몸이 내가 아니라 이 마음이 나 아닌가
살아가는 생활 속에 명상을 하여
이 맘 찾아 나를 삼아 살아들 봐요
모든 속박 모든 괴롬 벗어나는 아주 좋은 일이니
이제라도 안 늦으니 명상으로 뜻 이루어
영원한 생명, 영원한 행복 우리 모두 누려들 보세

사막화를 막고 사막 경영 시대를 열자
사막화로 급속히 변해가는 이 지구를
방치해선 아니 되네 방치하면
지구가 생긴 이래 최악의 상태 됨은
불을 보듯 뻔한 일일세, 하지만

육십 억의 온 인류가 한 마음 한 뜻 되어
황무지는 돌나물로 푸른 초원 만들고
확장되는 사막화를 배수관의 바닷물로 막는다면
지구가 생긴 이래 가장 살기 좋은 시대를
인류는 맞을 걸세

아리랑 아리랑 아라리요
아리랑 고개를 넘어간다
청천 하늘엔 잔별도 많고
이내 가슴엔 희망도 많다

효

1.
아들 딸이 귀엽고 사랑스런 그 속에 우리들의 부모님
어려움에도 끝내 가르치고 기른 정 이제 읽으며
늦은 눈물로써 불초를 뉘우치며 맹세하고 다짐하는
아들 딸이 여기 있으니, 건강히 오래만 사시기를
손 모아 손을 모아 간절하게 바라고 또 바라는
기도를 하옵니다 부모님 입이 귀에 걸리시게 할 겁니다

2.
어렵고도 어려운 보릿고개 그 속에 우리들을 먹이고
가르치느라 정말 그 얼마나 고생이 되셨습니까
허리 두 끈으로 졸라맨 아픔으로 사셨죠
정말정말 오래도록 건강하게만 계셔주신다면
아들 딸을 낳으시고 길러주신 그 노고에 크게 보답할 겁니다
아버님 어머님의 입이 귀에 걸리시게 할 겁니다

국민의 의지

뚫어라 뚫어 뚫어라 뚫어
그 어떤 난관의 벽이라도
뚫어라 뚫어 뚫어라 뚫어
그 어떤 문제의 벽이라도
뚫어라 뚫어 뚫어라 뚫어
나에겐 의지의 힘이 있다
뚫어라 뚫어 뚫어라 뚫어
중도의 하차는 없다 없어
뚫어라 뚫어 뚫어라 뚫어
성공이 존재할 뿐이로세
모두다 이루어 낼 것일세

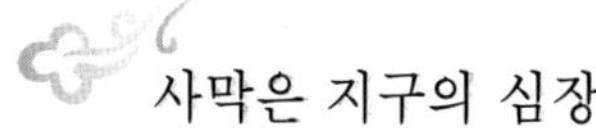

사막은 지구의 심장

21세기는 사막 경영 시대를 열어
연구에 노력을 다한다면
지상 낙원이 인류에게 달려와서 맞을 걸세

육십 억의 온 인류가 손에 손잡고 한 뜻 되어
사랑하는 마음으로 역경을 헤쳐 나가
사막화를 막고 황무지를 초원으로
살기 좋은 지구촌을 이뤄보세
살기 좋은 지구촌을 이뤄보세

아리랑 아리랑 아라리요
아리랑 고개를 넘어간다
청천 하늘엔 잔별도 많고
이내 가슴엔 희망도 많다

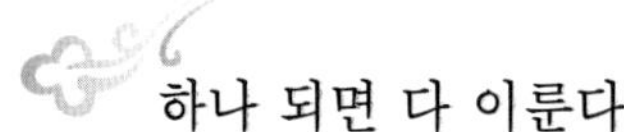

하나 되면 다 이룬다

1.
살자 살자 우리 함께 살자 살자 우리 뭉쳐
뭉친 힘이 발휘하면 못할 일이 없는거다
그 결과로 꽃이 피면 막힌 것은 없어지고
서로 나눈 나라되어 지상낙원 되는걸세

2.
살자 살자 세계 향해 살자 살자 인류위해
모두 함께 크게 뭉쳐 하나 되는 지구촌을
우리 함께 이루어서 다툼없는 삶으로써
얼싸 안고 함께 누린 지상 낙원 이뤄내세

잘 사는 비결

참지 못한 결과는 어려움이 닥치고
참고 참는 결과는 좋은 일이 온다네
친구들아 모든 일 힘을 합쳐 맞으면
못 이룰 일 없지만
니 떡 너 먹고 내 떡 나 먹는 그럼 마음 쓴다면
될 일도 아니 된다네
우리 서로 뜻을 합쳐 모두모두 잘 살아보세
이미 이룬 과학문명 선용을 해서 용맹심을 내어
모든 일에 임한다면 행복이 줄을 서서 올 걸세
아리랑 아리랑 아라리요 아리랑 고개를 넘어간다
청천 하늘엔 잔별도 많고 이내 가슴엔 희망도 많다

용서한 결과로는 웃는 날을 맞이하고
베푼 뒤엔 참 좋은 이웃들이 생기네
친구들아 서로들 힘을 합쳐 임하면
못할 일이 없지만
니 떡 너 먹고 내 떡 나 먹는 그런 마음 쓴다면
될 일도 아니 된다네
오늘부터 뜻을 합쳐 우리 한번 잘 살아보세
이미 이룬 과학문명 선용을 해서 용맹심을 내어
모든 일에 임한다면 행복이 줄을 서서 올 걸세
아리랑 아리랑 아라리요 아리랑 고개를 넘어간다
청천 하늘엔 잔별도 많고 이내 가슴엔 희망도 많다

만들자

1.
빌딩숲의 실외기 열 오고가는 차 배기가스
사람소리 기계소리를 원림 속의 새소리와
개울소리 미풍소리 그것으로 만들자 만들자 만들자

2.
이익 따져 주고받는 설왕설래 어지러움
높고 낮은 금속음들을 매미소리 물소리와
노래하는 환경으로 우리 함께 만들자 만들자 만들자

3.
하늘 맑고 별이 빛난 조용하고 시상 뜨는
그런 환경 거닐면서 손에 손을 마주 잡고
노래하는 세상으로 우리 함께 만들자 만들자 만들자

서원가

1.
참나를 깨달아서 보림을 하고
다가올 내 앞날의 서원이라네
기어코 육바라밀 성취를 하여
불보살님 큰 은혜에 보답하면서
영원히 구제의 길 나는 가리라

2.
보살의 가는 길이 험난타 해도
맹세코 초지일관 서원이라네
구류를 그릇 따라 깨닫게 하여
스승님의 큰 은혜에 보답하면서
영원히 구제의 길 나는 가리라

정직하고 착한마음

1.
정직하고 착한마음 우리모두 실천하면
먼저 가정 화평하고 웃음 꽃에 향내나며
이웃간에 믿음 깊어 서로 소통 이뤄져서
나라위한 일이라면 솔선수범 모두하고
서로 믿는 사회여서 안되는 일 없을걸세
서로 믿고 웃는 사회 우리 모두 힘 모아서
낙원 나라 이뤄내어 세계 이끈 나라 되세

2.
정직하고 착한 행동 우리 모두 실천하면
믿는 마음 두터워져 서로서로 돕게 되고
그리되면 힘 모아서 일일마다 쉬 이뤄져
앞서가는 나라되고 대접받는 국민되어
곳곳에서 우러르는 그런 국민 될 것일세
서로 믿고 웃는 사회 우리 모두 힘 모아서
낙원 나라 이뤄내어 세계 이끈 나라되세

3.
이런 마음 이런 행이 우리 조상 바탕이니
우리 국민 이뤄내어 봉화적인 나라로써
지구촌을 낙원으로 이뤄내는 나라되어
가는 곳곳 우러르는 그런 국민 그런 나라
그런 조상 그런 사상 꽃 피우는 국민 되세
서로 믿고 웃는 사회 우리 모두 힘 모아서
낙원 나라 이뤄내어 세계 이끈 나라 되세

이때 우리는

1.
화산의 폭발로 해서 사람들과 모든 것이 용암펄로 화해버린
이 막막한 우리들을 올바르게 영원으로 끌어주실
성인 중의 성인이신 불보살님 나라에 가 나는 게 꿈이네

2.
태풍이 인가를 덮쳐 다정했던 이웃들은 간 곳 없고
어지러운 벌판 되어 처참하고 참담하기 그지없는 무상한
이 현실에 의지할 분, 생명 밝혀 영원케 한 부처님 뿐이네

3.
지진이 우리의 삶을 삼켜버려 초토화가 되어버린
허망하기 그지없는 우리들의 현실에선 사방천지 둘러봐도
의지해야 할 분은 자신 깨쳐 누리라 한 부처님 뿐이네

발심가

1.
우리네 한세상 보람찬 삶으로
바꾸기 위하여 닦아들 봅시다
청춘 홍안이 얼마나 길던가
꿈꾸는 사이에 백발이 된다네

2.
참나를 깨달아 보림을 하고요
자비심 발하여 구제길 나서서
중생들 세계에 고통을 없애서
극락이 되도록 최선을 다하세

3.
본연한 몸의 능력을 베풀어
극락세계 장엄을 하고요
둥실 두둥실 누리기 위하여
오늘의 어려움 극복을 해내세

4.
눈 깜박 하는 새 한세상 다 가고
부귀와 공명은 잠시의 꿈이라
이러한 되풀이 금생에 끝내어
윤회의 사슬에서 벗어나 납시다

석가모니불

1.
석가모니불, 거룩한 석가모니불
하늘 땅에 유일한 님이기에 우러러
간절하게 기도하면 내 소원 이루어지지요
탐욕을 보시로 다스려서 행하고
진심을 인욕으로 실천하면
우리 바라는 그 세상 활짝 열리네
불법의 진리 깨달으면
함없는 함으로 님의 은혜 갚으리
석가모니불 우리 부처님

2.
석가모니불, 거룩한 석가모니불
하늘 땅에 유일한 님이기에 우러러
가르침을 따른다면 언제나 행복하지요
선법을 깨달아 생활화를 함으로써
이 세상 이대로를 낙원으로
님이 바라신 그 소원 꽃을 피우리
불법의 진리 깨달으면
함없는 함으로 님의 은혜 갚으리
석가모니불 우리 부처님

우란분재일

1.
우란분재 맞이해서 대자대비 부처님을
이 자리에 청해 모셔 다생부모 왕생극락
정성 다한 맘입니다 지혜 짧아 못 미쳐서
중한 은혜 입고서도 보은보답 못하고서
이생까지 이른 것을 머리 숙여 부처님께
참회합니다 참회합니다

2.
정성 어린 마음으로 이고득락 비옵나니
세상애착 모두 끊고 부처님의 그 세상에
나시기만 원합니다 다생겁에 경험하신
부질없는 몸 종노릇 그 허망을 떨침만이
윤회고를 벗어나는 길이오니 그리되길
비옵나이다 비옵나이다

보살의 마음

1.
파도에 실려 떠가는 낙엽같이 살아가는 인생
구원코자 따라주며 같이 하는 자비인데
제 안경에 보인 대로 말들 하지만
못 들은 척 모르는 척 최선 다하리
바른 눈, 바른 맘 통쾌히 열어라
아 그날이 그날이 오기만을 기다리는 마음

2.
파도에 실려 떠가는 낙엽같이 살아가는 인생
구원코자 따라주며 같이 하는 자비인데
눈이 멀고 귀가 먹은 저들이지만
황소처럼 지장처럼 최선 다하리
지혜 눈, 지혜 맘 통쾌히 열어라
아 그날이 그날이 오기만을 기다리는 마음

반조 염불가

1.
님께서 베푸신 자비의 은혜
오늘도 감사한 맘 어찌 잊으리
가르침 따름만이 살 길이란 다짐으로
간절히 시시때때 회광반조 아미타불
백팔염주 일상화로 기어이 크게 깨쳐
크나큰 님의 은혜 갚으리라 아미타불

2.
본래에 드러난 나인 걸 몰라
낙원을 고해로서 사는 삶이니
가르침 따름만이 살 길이란 다짐으로
반조의 아미타불 나도 잊은 삼매의 앎
깨닫기에 좋은 때니 기어이 원을 이뤄
금생에 구제중생 불은 갚길 아미타불

부처님 은혜 2

낙엽이 지고 국향이 짙을 땐
부처님의 고고한 말씀 법계화되고
대승보살 나투어 그릇 따라 베푼 법문에
만난 사람 모두가 깨쳐
두타보림 수행을 하여
있는 그곳 극락이어서
걸음 걸음 상쾌한 가슴
입가에 미소 언제나 번지는
대자유 삶 누릴지어다
고맙습니다 참 고맙습니다
촌각인들 부처님 은혜
그 어찌한들 잊을 날 있으리
불은 갚는 그날까지는
서원 향해 뛸 것입니다
서원 향해 다할 것입니다

성중성인 오셨네

1.
음력사월 초파일은
온 누리의 제일이신
성중성인 부처님이
이 땅 위에 오신 날
괴로움을 낙원으로
어두움을 광명으로
바꾸려는 숙원을
시작하신 날, 너나 없이
모두 함께 경축하세
모두 함께 경축하세

2.
음력사월 초파일은
온 누리의 제일이신
성중성인 부처님이
이 땅 위에 오신 날
너를 알란 그 가르침
펼치려고 오심이니
자아완성 이룩해
우리 이 땅 이대로를
낙원으로 누려보세
낙원으로 누려보세

열반재일

1.
인연 다함 아시기에 구제방편 거두시어
열반 드신 그 자재는 그 누구가 흉내인들 내오리까
오고 감을 뜻대로 한 거룩함에
정례합니다 정례합니다

2.
대자대비 거룩하신 가르치심
이 세상에 길이길이 펼쳐져서 그 언젠가 이 고해가
낙원으로 되는 날을 믿는 마음
우러러서 정례합니다 정례합니다

성도재일

1.
찬양합니다 찬양합니다 도 이루심 찬양합니다
이 세상에 그 어떤 일인들 이보다 기쁘고 거룩한 일 있으리
그 옛날의 오늘 이룬 부처님의 광명지혜 없었다면
중생들이 생사고통 면할 길을 감히 어찌 알았으리
감사합니다 감사합니다

2.
맹세합니다 맹세합니다 부처님의 뒤를 이어서
생사고통 영원히 면하게 이끄신 봉화의 바른 불빛
지혜로 어둔 그늘 모두 밝혀 부처님의 세상으로 바꿔놓는
그 일에서 제일가는 모습 보여 부처님의 은혜 갚음
지켜보소서 지켜보소서

믿고 따르세

1.
고해 일러 낙원이라 한 불보살님
그 말씀의 진실한 경지 알려거든
보고 듣는 그곳 향해 명상하게
명상으로 분별 망상 없어지고
고요로움 극해지면 불멸의 나 깨치네

2.
참나 깨친 밝은 지혜로 선행 닦아
사상 없는 일상의 생활 이루는 날
고해 일러 낙원이란 말씀의 뜻
내 뜻 되어 큰 웃음을 껄껄 짓고
대장부로 삼계 구할 서원 세워 행하리

신명을 다하리

사바세계 사는 그게 죄를 짓는 바탕이라
크나큰 자비로써 이끄시는 가르침에
신명 다해 따름으로 두텁다는 업 녹으면
무명 깨고 자성 밝혀 큰 웃음을 지으리니
그날에 가르치신 큰 은혜를 갚으리라
어떤 고난 있다 해도 큰 의지로 극복해서
온누리를 정토의 낙원으로 이루리라

관음가

꽃을 보아도 먼 산을 보아도
그리움 그리움이 더해진
관세음 관세음은 포근한 품이랍니다
기쁠 때에도 어려울 때에도
자애로 다가오셔 힘이 되신
관세음 관세음은 포근한 품이랍니다

부처님께 바치는 마음

1.
늘 새롭게 태어남으로
누리는 삶을 깨닫게 이끌어주신 부처님
어찌 감사함으로 만족하리까
부처님처럼 관세음처럼
닦고 이루고 갖추어서
베풂으로 구제하는 맘
구류가 다한 날까지 최선 다함만이
크나큰 은혜 갚음이라
영원히 신명 다할 겁니다

2.
늘 새롭게 태어남으로
오늘도 또한 내일도 함 없는 함의 즐거움
어찌 누림으로만 만족하리까
부처님처럼 관세음처럼
그리 되도록 최선 다해
구류들을 구제해내는
대자비 무장으로써 신명 다함만이
크나큰 은혜 갚음이라
부처님 전에 합장합니다

교화가

1.
주장자 떨쳐메고 방랑 삼천계
흰구름 뜬 고개 넘어 오신 님이 누구뇨
사바세계 중생들을 구제를 할 때
갖은 방편 어려움도 웃어넘는 스승님

2.
주장자 떨쳐메고 방랑 삼천계
흰구름 뜬 고개 넘어 오신 님이 누구뇨
구류중생 그릇 따라 교화를 할 때
제 안경에 갖은 시비 웃어넘는 스승님

3.
주장자 떨쳐메고 방랑 삼천계
흰구름 뜬 고개 넘어 오신 님이 누구뇨
화장세계 열어놓고 노래를 하며
춤을 추는 이 환희를 함께 하잔 스승님

권수가 1

1.
아니 아니 닦지는 못하리라
일분과 일각도 허송하지 말게
눈 감아 뜨는 사이 백발과 주름일세
어서 수행을 하여 영원한 참나를 알고 사세
이것 이것 이것이 뭐꼬, 뭐꼬라고 한 이것이 뭐꼬
보일 듯이 아니 보이고 이룰 듯하다가 놓쳤으니
하루하루가 태산만 같게 커져만 가는 게 의심일세
얼씨구나 좋다, 지화자 좋네, 아니 닦지는 못하리라

2.
아니 아니 닦지는 못하리라
한 송이 떨어진 꽃을 낙화진다고 서러워 마라
한번 피었다 꽃이 지듯 우리 저렇듯 지고 마는
슬픈 나날이 흘러 흘러 흘러만 가니 어이 하리
차착각, 저 초침소리 검은 옷으로 다가오는
저승의 사자소리, 어찌 아니 슬플쏜가
숙명적인 인과라 해도 극복해 넘기에 어려웁네
얼씨구나 좋다, 지화자 좋네, 아니 닦지는 못하리라

권수가 2

1.
아니 아니 닦지는 못하리라
적적요요 달 밝은 밤에 단정히 눈을 감은
깊은 삼매, 대상 없는 낙에 취해 짓는 미소
한산 습득이 즐겨 누리는 그 낙이 아니던가
모두들 저런 낙을 누리려거든 닦고 닦소
삼세 모든 불보살님도 두타의 수행을 인내로써
하루하루를 수행해 왔던 결실로 얻어진 과위라네
얼씨구나 좋다, 지화자 좋네, 아니 닦지는 못하리라

2.
아니 아니 닦지는 못하리라
어지러운 번뇌망상, 털고 이룬 보리마음
모든 속박 다 떨치고 호연지기를 누리는데
송죽바람 솔솔 향기, 그윽하고 그윽하네
산새도 노래하니 너도 좋고 나도 좋다
삼세제불 무현금에 역대조사 무공적의
명월삼경 이 좋은 밤을 두둥실 두둥실 즐겨보세
얼씨구나 좋다, 지화자 좋네, 아니 닦지는 못하리라

고맙습니다

1.
이런 이도 고마웁고
저런 이도 고마우며
모두가 고맙습니다
이런 일도 없었고
저런 일도 없었고
모두가 없었다면
백겁천생 몹쓸 업장
닦지 못했을 걸
고마워요 고마워요
정말 정말 고맙습니다

2.
어려운 일 없었다면
안 되는 일 없었다면
고마움 알았으리오
참을 인자 공덕이
어질 인자 공덕이
이리도 큰 거란 걸
알고 보니 님의 은혜
님의 은혜일세
고마워요 고마워요
정말 정말 고맙습니다

출가재일

1.
장하십니다 장하십니다 그 의지가 장하십니다
이 세상의 모든 사람 탐을 내는 왕의 지위와
왕비와의 궁중낙을 미련없이 버리시고
고행수도 하겠다 한 굳은 의지 머리 숙여
찬탄합니다 찬탄합니다

2.
장하십니다 장하십니다 갖은 역경 부딪쳐서도
초지일관 변함없음 우러러서 존경합니다
나 밖에서 찾으려는 어리석음 버리고서
내 안에서 찾으려 한 깨침 향한 굳은 의지
찬탄합니다 찬탄합니다

도서출판 문젠(Moonzen Press)의 책들

출간 도서

바로보인 전등록 전 5권
바로보인 무문관
바로보인 벽암록
바로보인 천부경 · 교화경 · 치화경
바로보인 금강경
세월을 북채로 세상을 북삼아
영원한 현실
바로보인 신심명
바로보인 환단고기 전 5권
바로보인 선문염송 전 30권
앞뜰에 국화꽃 곱고 북산에 첫눈 희다
바로보인 증도가
바로보인 반야심경
선을 묻는 그대에게 1 · 2
바로보인 선가귀감
바로보인 법융선사 심명
주머니 속의 심경
바로보인 법성게
달다 -전강 대선사 법어집
기우목동가
초발심자경문
방거사어록
실증설
하택신회대사 현종기
불조정맥 - 한 · 영 · 중 3개국어판
바른 불자가 됩시다
누구나 궁금한 33가지
108진참회문 - 한 · 영 · 중 3개국어판
달마의 일할도 허락지 않는다
마음대로 앉아 죽고 서서 죽고
화두 3개국어판 - 한 · 영 · 중
바로보인 간당론
완전한 우리말 불공예식법
바로보인 유마경
실증설 5개국어판 - 한 · 영 · 불 · 서 · 중
누구나 궁금한 33가지 3개국어판 - 한 · 영 · 중
달마의 일할도 허락지 않는다 3개국어판 - 한 · 영 · 중
법성게 3개국어판 - 한 · 영 · 중
정법의 원류
바로보인 도가귀감
바로보인 유가귀감
화엄경 81권
바로보인 전등록 전 30권

출간예정 도서

바로보인 능엄경 제6권
바로보인 원각경
바로보인 육조단경
바로보인 대전화상주 심경
바로보인 위앙록
해동전등록 전 10권
말 밖의 말
언어의 향기
농선 대원 선사 선송집
진리와 과학의 만남
바로보인 5대 종교
금강경 야부송과 대원선사 토끼뿔
선재동자 참알 오십삼선지식
경봉선사 혜암선사 법을 들어 설하다
십현담 주해
불교대전
태고보우선사 어록

1. 바로보인 전등록 (전30권을 5권으로)

7불과 역대 조사의 말씀이 1,700공안으로 집대성되어 있는 선종 최고의 고전으로, 깨달음의 정수가 살아 숨쉬도록 새롭게 번역되었다.
464, 464, 472, 448, 432쪽.
각권 18,000원

2. 바로보인 무문관

황룡 무문 혜개 선사가 저술한 공안집으로 전등록, 선문염송, 벽암록 등과 함께 손꼽히는 선문의 명저이다.
본칙 48개와 무문 선사의 평창과 송, 여기에 역저자인 대원선사의 도움말과 시송으로 생명과 같은 선문의 진수를 맛보여 주고 있다.
272쪽. 12,000원

3. 바로보인 벽암록

설두 선사의 설두송고를 원오 극근 선사가 수행자에게 제창한 것이 벽암록이다.
이 책은 본칙과 설두 선사의 송, 대원선사의 도움말과 시송으로 이루어져, 벽암록을 오늘에 맞게 바로 보이고 있다.
456쪽. 15,000원

4. 바로보인 천부경

우리 민족 최고(最古)의 경전 천부경을 깨달음의 책으로 새롭게 바로 보였다. 이 책에는 81권의 화엄경을 81자에 함축한 듯한 천부경과, 교화경, 치화경의 내용이 함께 담겨 있으며, 역저자인 대원선사가 도움말, 토끼뿔, 거북털 등으로 손쉽게 닦아 증득하는 문을 열어 놓고 있다.
432쪽. 15,000원

5. 바로보인 금강경

대원선사의 『바로보인 금강경』은 국내 최초로 독창적인 과목을 내어 부처님과 수보리 존자의 대화 이면의 숨은 뜻을 드러내고, 자문과 시송으로 본문의 핵심을 꿰뚫어 밝혀, 금강경 전체를 손바닥 안의 겨자씨를 보듯 설파하고 있다.
488쪽. 15,000원

6. 세월을 북채로 세상을 북삼아

대원선사의 선시가 담긴 선시화집 『세월을 북채로 세상을 북삼아』는 선과 시와 그림이 정상에서 만나 어우러진 한바탕이다.
선의 세계를 누리는 불가사의한 일상의 노래, 법열의 환희로 취한 어깨춤과 같은 선시가 생생하고 눈부시게 내면의 소리로 흐른다.
180쪽. 15,000원

7. 영원한 현실

애매모호한 구석이 없이 밝고 명쾌하여, 너무도 분명함에 오히려 그 깊이를 헤아리기 어려운, 대원선사의 주옥같은 법문을 모아 놓은 법문집이다.
400쪽. 15,000원

8. 바로보인 신심명

신심명은 양끝을 들어 양끝을 쓸어버리는, 40대치법으로 이루어진, 3조 승찬 대사의 게송이다. 이를 대원선사가 바로 번역하는 것은 물론, 주해, 게송, 법문을 더해 통쾌하게 회통하고 자유자재 농한 것이 이 『바로보인 신심명』이다.
296쪽. 10,000원

9. 바로보인 환단고기 (전5권)

『바로보인 환단고기』 1권은 민족정신의 정수인 환단고기의 진리를 총정리하여 출간하였다. 2권에는 역사총론과 태초에서 배달국까지 역사가 실려 있으며, 3권은 단군조선, 4권은 북부여에서부터 고려까지의 역사가 실려 있다. 5권에는 역사를 증명하는 부록과 함께 환단고기 원문을 실었다. 344 · 368 · 264 · 352 · 344쪽. 각권 12,000원

10. 바로보인 선문염송 (전30권)

선문염송은 세계최대의 공안집이다. 전 공안을 망라하다시피 했기에 불조의 법 쓰는 바를 손바닥 들여다보듯 하지 않고는 제대로 번역할 수 없다. 대원선사는 전 공안을 바로 참구할 수 있게끔 번역하고 각 칙마다 일러보였다. 352 368 344 352 360 360 400 440 376 392 384 428 410 380 368 434 400 404 406 440 424 460 472 456 504 528 488 488 480 512쪽. 각권 15,000원

11. 앞뜰에 국화꽃 곱고 북산에 첫눈 희다

대원선사의 선문답집으로 전강 · 경봉 · 숭산 · 묵산 선사와의 명쾌한 문답을 실었으며, 중앙일보의 <한국불교의 큰스님 선문답> 열 분의 기사와 기자의 질문에 대한 대원선사의 별답을 함께 실었다.
200쪽. 5,000원

12. 바로보인 증도가

선종사에 사라지지 않을 발자취로 남은 영가 선사의 증도가를 대원선사가 번역하고 법문과 송을 더하였다.
자비의 방편인 증도가의 말씀을 하나하나 쳐가는 선사의 일갈이야말로 영가 선사의 본 의중과 일치하여 부합하는 것이라 아니할 수 없다.
376쪽. 10,000원

13. 바로보인 반야심경

이 시대의 야부(冶父)선사, 대원선사가 최초로 반야심경에 과목을 붙여 반야심경 내면에 흐르는 뜻을 밀밀하게 밝혀놓고 거침없는 송으로 들어보였다.
264쪽. 10,000원

14. 선(禪)을 묻는 그대에게 (전10권 중 2권)

대원선사의 선수행에 대한 문답집.
깨달아 사무친 경지에 대한 밀밀한 점검과, 오후보림에 대한 구체적인 수행법 제시와, 최초의 무명과 우주생성의 원리까지 낱낱이 설한 법문이 담겨 있다.
280쪽, 272쪽. 각권 15,000원

15. 바로보인 선가귀감

선가귀감은 깨닫고 닦아가는 비법이 고스란히 전수되어 있는 선가의 거울이라 할 만하다. 더욱이 바로보인 선가귀감은 매 소절마다 대원선사의 시송이 화살을 과녁에 적중시키듯 역대 조사와 서산대사의 의중을 꿰뚫어 보석처럼 빛나고 있다.
352쪽. 15,000원

16. 바로보인 법융선사 심명

심명 99절의 한 소절, 한 소절이 이름 그대로 마음에 새겨두어야 할 자비광명들이다.
이 심명은 언어와 문자이면서 언어와 문자를 초월한 일상을 영위하게 하는 주옥같은 법문이다.
278쪽. 12,000원

17. 주머니 속의 심경

반야심경은 부처님이 설하신 경 중에서도 절제된 경으로 으뜸가는 경이다. 대원선사의 선송(禪頌)도 그 뜻을 따라 간략하나 선의 풍미를 한껏 담고 있다. 하루에 한 소절씩을 읽고 참구한다면 선 수행의 지름길이 될 것이다.

84쪽. 5,000원

18. 바로보인 법성게

법성게는 한마디로 화엄경의 핵심부를 온통 훤출히 드러내놓은 게송이다. 짧은 글 속에 일체의 법을 이렇게 통렬하게 담아놓은 법문도 드물 것이다.

이렇게 함축된 법성게 법문을 대원선사가 속속들이 밀밀하게 설해놓았다.

176쪽. 10,000원

19. 달다 - 전강 대선사 법어집

이제는 전설이 된 한국 근대선의 거목인 전강 선사님의 최상승법과 예리한 지혜, 선기로 넘쳤던 삶이 생생하게 담겨 있는 전강 대선사 법어집 〈달다〉!

전강 대선사님의 인가 제자인 대원선사가 전강 대선사님의 법거량과 법문, 일화를 재조명하여 보였다.

368쪽. 15,000원

20. 기우목동가

그 뜻이 심오하여 번역하기 어려웠던 말계 지은 선사의 기우목동가!

대원선사가 바른 뜻이 드러나도록 번역하고, 간결한 결문과 주옥같은 선송으로 다시 보였다.

146쪽. 10,000원

21. 초발심자경문

이 초발심자경문은 한문을 새기는 힘인 문리를 터득하게 하기 위하여 일부러 의역하지 않고 직역하였다.
대원선사의 살아있는 수행지침도 실려 있다.
266쪽. 10,000원

22. 방거사어록

방거사어록은 선의 일상, 선의 누림을 보여주는 대표적인 선문이다. 역저자인 대원선사는 방거사어록의 문답을 '본연의 바탕에서 꽃피우는 일상의 함'이라 말하고 있다. 법의 흔적마저 없는 문답의 경지를 온전하게 드러내 놓은 번역과, 방거사와 호흡을 함께 하는 듯한 '토끼뿔'이 실려 있다.
306쪽. 15,000원

23. 실증설

이 책은 대원선사가 2010년 2월 14일 구정을 맞이하여 불자들에게 불법의 참뜻을 보이기 위해 홀연히 펜을 들어 일시에 써내려간 법문을 모태로 하였다. 실증한 이가 아니고는 설파할 수 없는 성품의 이치를 자문자답과 사제간의 문답을 통해 1, 2, 3부로 나눠 실증하여 보이고 있다.
224쪽. 10,000원

24. 하택신회대사 현종기

육조대사의 법이 중국천하에 우뚝하도록 한 장본인, 하택신회대사의 현종기. 세간에 지해종도(知解宗徒)로 알려져 있는 편견을 불식시키는 뛰어난 깨달음의 경지가 여기에 담겨있다. 대원선사가 하택신회대사의 실경지를 드러내고 바로보임으로써 빛냈다.
232쪽. 10,000원

25. 불조정맥 - 韓 · 英 · 中 3개국어판

석가모니불로부터 현 78대에 이르기까지 불조정맥진영(佛祖正脈眞影)과 정맥전법게(正脈傳法偈)를 온전하게 갖춘 최초의 불조정맥서. 대원선사가 다년간 수집, 정리하여 기도와 관조 끝에 완성한 『불조정맥』을 3개국어로 완역하였다.
216쪽. 20,000원

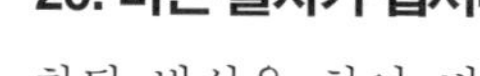

26. 바른 불자가 됩시다

참된 발심을 하여 바른 신앙, 바른 수행을 하고자 해도, 그 기준을 알지 못해 방황하는 불자님들을 위해 불법의 바른 길잡이 역할을 하도록 대원선사가 집필하여 출간하였다.
162쪽. 10,000원

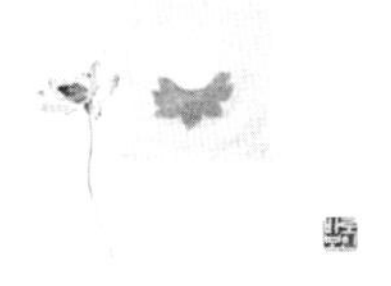

27. 누구나 궁금한 33가지

21세기의 인류를 위해 모든 이들이 가장 어렵고 궁금해 하는 문제, 삶과 죽음, 종교와 진리에 대한 바른 지표를 제시하고자 대원선사가 집필하여 출간하였다.
180쪽. 10,000원

28. 108진참회문 - 韓 · 英 · 中 3개국어판

전생의 모든 악연들이 사라져 장애가 없어지고, 소망하는 삶을 살게 하기 위해 대원선사가 10계를 위주로 구성한 108 항목의 참회문이다. 한 대목마다 1배를 하여 108배를 실천할 것을 권한다.
170쪽. 15,000원

29. 달마의 일할도 허락지 않는다

대원선사의 짧고 명쾌한 법문집.
책을 잡는 순간 달마의 일할도 허락지 않는 선기와 맞닥뜨리게 될 것이다. 때로는 하늘을 찌를 듯한 기세와, 때로는 흔적 없는 공기와도 같은 향기를 일별하기를…
190쪽. 10,000원

30. 마음대로 앉아 죽고 서서 죽고

생사를 자재한 분들의 앉아서 열반하고 서서 열반한 내력은 물론 그분들의 생애와 법까지 일목요연하게 수록해놓았다.
446쪽. 15,000원

31. 화두 3개국어판 - 韓 · 英 · 中

『화두』는 대원선사의 평생 선문답의 결정판이다. 생생하게 살아있는 선(禪)을 한 · 영 · 중 3개국어로 만날 수 있다. 특히 대원선사의 짧은 일대기가 실려 있어 그 선풍을 음미하는 데에 큰 도움을 주고 있다.
440쪽. 15,000원

32. 바로보인 간당론

법문하는 이가 법리를 모르고 주장자를 치는 것을 눈먼 주장자라 한다. 법좌에 올라 주장자 쓰는 이들을 위해서 대원선사가 간당론에서 선리(禪理)만을 취하여 『바로보인 간당론』을 출간하였다.
218쪽. 20,000원

33. 완전한 우리말 불공예식법

부처님께 공양을 올리고 불보살님의 가피를 구하는 예법 등을 총칭하여 불공예식법이라 한다. 대원선사가 이러한 불공예식의 본뜻을 살려서 완전한 우리말본 불공예식법을 출간하였다.
456쪽. 38,000원

34. 바로보인 유마경

유마경은 불법의 최정점을 찍는 경전이라 할 것이니, 불보살님이 교화하는 경지에서의 깨달음의 실경과 신통자재한 방편행을 보여주는 최상승 경전이다. 대원선사가 〈대원선사 토끼뿔〉로 이 유마경에 걸맞는 최상승법을 이 시대에 다시금 드날렸다.
568쪽. 20,000원

35. 실증설
5개국어판 – 韓 · 英 · 佛 · 西 · 中

대원선사가 불법의 참뜻을 보이기 위해 홀연히 펜을 들어 일시에 써내려간 실증설! 실증한 이가 아니고는 설파할 수 없는 도리로 가득한 이 책이 드디어 영어, 불어, 스페인어, 중국어를 더하여 5개국어로 편찬되었다.
860쪽. 25,000원

36. 누구나 궁금한 33가지
3개국어판 – 韓 · 英 · 中

누구라도 풀어야 할 숙제인 33가지의 의문에 대한 답을 21세기의 현대인에게 맞는 비유와 언어로 되살린 『누구나 궁금한 33가지』가 한글, 영어, 중국어 3개국어로 출간되었다.
408쪽. 15,000원

37. 달마의 일할도 허락지 않는다
3개국어판 - 韓 · 英 · 中

대원선사의 짧고 명쾌한 법문집인 『달마의 일할도 허락지 않는다』가 한글, 영어, 중국어 3개국어로 출간되었다. 전세계에서 유일하게 활선의 가풍이 이어지고 있는 한국, 그 가운데에서도 불조의 정맥을 이은 대원선사가 살활자재한 법문을 세계로 전하고 있는 책이다.
308쪽. 15,000원

38. 화엄경 (전81권)

대원선사는 선문염송 30권, 전등록 30권을 모두 역해하여 세계 최초로 1,463칙 전 공안에 착어하였다. 이러한 안목으로 대천세계를 손바닥의 겨자씨 들여다보듯 하신 불보살님들의 지혜와 신통으로 누리는 불가사의한 화엄세계를 열어 보였다.
220쪽. 각권 15,000원

39. 법성게 3개국어판 - 韓 · 英 · 中

법성게는 한마디로 화엄경의 핵심부를 훤출히 드러내놓은 게송으로 짧은 글 속에 일체 법을 고스란히 담아놓았다. 대원선사의 통쾌한 법성게 법문이 한영중 3개국어로 출간되었다.
376쪽. 15,000원

40. 정법의 원류

『정법의 원류』는 불조정맥을 이은 정맥선원의 소개서이다. 정맥선원은 불조정맥 제77조 조계종 전강 대선사의 인가 제자인 대원 전법선사가 주재하는 도량이다. 『정법의 원류』를 통해 정맥선원 대원선사의 정맥을 이은 법과 지도방편을 만날 수 있다.
444쪽. 20,000원

41. 바로보인 도가귀감

도가귀감은, 온통인 마음〔一物〕을 밝혀 회복함으로써, 생사를 비롯한 모든 아픔과 고를 여의어, 뜻과 같이 누려서 살게 하고자 한 도교의 뜻을, 서산대사가 밝혀놓은 책이다. 대원선사가 부록으로 도덕경의 중대한 대목을 더하고, 그 대목대목마다 결문(決文)하였다.
218쪽. 12,000원

42. 바로보인 유가귀감

유가귀감은 서산대사가 간추려놓은 구절로서, 간결하지만 심오하기 그지없으니, 간략한 구절 속에서 유교사상을 미루어볼 수 있게 하였다. 대원선사가 그 뜻이 잘 드러나게 번역하고 그 대목대목마다 결문(決文)하였다.
236쪽. 15,000원

43. 바로보인 전등록 (전30권)

7불로부터 52세대까지 1,701명 선지식의 깨달음의 진수가 담긴 전등록 30권에 농선 대원 선사가 선리(禪理)의 토끼뿔을 더해 닦아 증득하는데 도움이 되도록 하였다.
288쪽. 각권 15,000원

농선 대원 선사 법문 mp3 주문 판매

* 천부경 : 15,000원
* 신심명 : 30,000원
* 현종기 : 65,000원
* 기우목동가 : 75,000원
* 반야심경 : 1회당 5,000원 (총 32회)
* 선가귀감 : 1회당 5,000원 (총 80회)

* 금강경 : 40,000원
* 법성게 : 10,000원
* 법융선사 심명 : 100,000원

농선 대원 선사 작사 CD 주문 판매

* 가슴으로 부르는 불심의 노래 1,2,3집
각 : 1만 5천원
* 유튜브에서 채널 구독하시고 무료로
찬불가 앨범을 감상하세요

주문 문의 ☎ 031-534-3373

유튜브에서 채널 구독하시고
무료로 찬불가 앨범을 감상하세요

유튜브에서 MOONZEN을 검색하시거나
아래의 주소로 접속해주세요

http://www.youtube.com/user/officialMOONZEN